Beth Martins

VIREI EMPRESÁRIO,
E AGORA?

Como construir um
caminho de prosperidade
para seus negócios

Beth Martins

VIREI EMPRESÁRIO,

E AGORA?

Como construir um
caminho de prosperidade
para seus negócios

Literare Books
INTERNATIONAL
BRASIL · EUROPA · USA · JAPÃO

Copyright© 2017 by Literare Books International.
Todos os direitos desta edição são reservados à Literare Books International.

Presidente:
Mauricio Sita

Capa, projeto gráfico e diagramação:
Douglas Duarte

Revisão:
Bárbara Cabral Parente

Gerente de Projetos:
Gleide Santos

Diretora de Operações:
Alessandra Ksenhuck

Diretora Executiva:
Julyana Rosa

Relacionamento com o cliente:
Claudia Pires

Impressão:
Rotermund

Dados Internacionais de Catalogação na Publicação (CIP)
(Câmara Brasileira do Livro, SP, Brasil)

Martins, Beth
  Virei empresário, e agora? : como construir um
caminho de prosperidade para seus negócios / Beth
Martins. -- São Paulo : Literare Books International,
2017.

  ISBN 978-85-9455-043-9

  1. Conduta de vida 2. Empresas 3. Empreendedores
4. Empresários 5. Planejamento empresarial
6. Prosperidade 7. Sucesso nos negócios I. Título.

17-09279   CDD-650.1

Índices para catálogo sistemático:

1. Sucesso nos negócios : Empreendedores :
   Administração 650.1

Literare Books
Rua Antônio Augusto Covello, 472 – Vila Mariana – São Paulo, SP.
CEP 01550-060
Fone/fax: (0**11) 2659-0968
site: www.literarebooks.com.br
e-mail: contato@literarebooks.com.br

SUMÁRIO

Prefácio	7
Introdução	11
1. Virei empresário, e agora?	15
Lição Express 1	18
Lição Express 2	22
Lição Express 3	27
Lição Express 4	28
Lição Express 5	30
Lição Express 6	31
2. Sofredor x Vencedor: as frases e fases de cada tipo de empresário	37
3. Os casos da pamonha e do pão de queijo	47
4. As provas do caminho: como ultrapassá-las?	53
1ª Prova – Coragem de tomar decisões	56
2ª Prova – Tome uma atitude	58
3ª Prova – Encare o fracasso sem se abater demais	60
4ª Prova – Não se encante tanto com o seu sucesso	61
5ª Prova – Esteja preparado para andar na montanha-russa	64
6ª Prova – O tempo passa	65
7ª Prova – Obstáculo intransponível	67
8ª Prova – Ganhar, doar, ganhar: um crescer realmente sustentável	69
5. Compartilhando lições aprendidas	73
6. Aprendendo com uma história real	77
7. A derradeira lição: O legado	83
8. Palavras finais	89
Agradecimentos	93

Beth Martins

Prefácio

Ao longo da minha trajetória sempre me perguntam como comecei minha empresa, como obtive sucesso, o que fazer para ter uma empresa próspera e superar os obstáculos. Nesses momentos, um pensamento constante: "Ah, se soubessem como foi importante e fundamental todo empenho no caminho!". Afinal, as atitudes que assumimos determinam o resultado, o grau de sucesso ou fracasso. E o caminho é pessoal e muito influenciado pelo jeito de cada um de pensar e sentir a realidade.

Este livro trata disto. Sentia falta de uma obra que tratasse das experiências que fazem parte da vida de um empreendedor. Ao longo dos capítulos, Beth Martins revela como é importante observar seus pensamentos, crenças e paradigmas. Estes podem levar para um caminho que pode realizar seus sonhos ou acabar em derrota.

A proposta da autora não é ensinar a começar um negócio sob o ponto de vista técnico, como construir planos de negócios ou estratégias comerciais. Estes temas você, leitor, pode encontrar em outras opções de leitura de qualidade no mercado editorial.

A proposta da autora, como psicóloga e *coach*[1] de empresários, foi a de entender e apresentar melhor o "pano de fundo" do caminho daqueles que obtiveram resultados gratificantes em seus esforços, e nos traduzir isso de maneira didática, leve e simples de ler, revelando o sentido maior dessas trajetórias.

Nos primeiros capítulos, ela trata da mudança fundamental de modelo de pensamento que deve ocorrer para você ser dono de seu próprio negócio. Você deve se lembrar de muitos momentos em que teve recaídas e vontade de abandonar tudo. No começo nada é fácil.

As expectativas são altas, as frustrações acompanham-no diariamente, nem tudo caminha como o planejado. Como a autora retrata bem, com citações e exemplos, há uma série de etapas a serem vencidas para aqueles que querem sair da posição de empregado e ter sua própria empresa.

1. *Coach* é um consultor que atua como um orientador para que seu cliente (um profissional) possa atingir seu objetivo. No processo, o *coach* apoia o cliente, ajudando-o a traçar as diversas metas por meio de avaliação de suas competências e reflexões. Posteriormente, são analisadas as opções para o seu aprimoramento, incluindo, em muitos casos, adquirir novas competências e, ainda, reconhecer e superar as crenças limitantes e os pontos de maior fragilidade para seu desenvolvimento profissional.

Virei empresário, e agora?

Atualmente, com a facilidade de acesso a informações e tecnologias, com o perfil dessas novas gerações mais arrojadas e incentivadas a trabalhar por conta própria, fico admirado com o cenário promissor que temos pela frente. Poderemos ver surgir novos empreendedores começarem seus próprios negócios e gerarem prosperidade para si e para comunidades no seu país e no mundo.

Mas temos que entender que não basta querer! Acredito que com este livro o leitor poderá entender melhor que a mudança de posicionamento até se tornar um empreendedor é um caminho de transformações e mudanças, e mudar nem sempre é confortável. Sofremos mais se não temos os conhecimentos, as ferramentas adequadas para avançar.

Beth Martins acompanhou, em seus mais de 20 anos atuando como educadora no mundo empresarial, profissionais que "viraram a chave" e mudaram seus pontos de vista e o seu propósito de vida. Compartilhando conosco essa vasta experiência, a autora nos fornece um rico material para refletirmos sobre o quanto estamos preparados para este passo em nossa carreira.

Podemos aprender com aqueles que já passaram pela experiência e nos ensinam dicas sobre como superar as pedras no caminho. No momento, muitos optam por abrir seu negócio porque precisam encontrar um novo rumo na vida profissional depois de uma crise e/ou demissão. Temos exemplos neste livro. Mas com o tempo aprendemos que existe "algo a mais" que faz toda diferença: ter o foco nas necessidades dos clientes. Pensar neles antes de você, ter em mente a importância de servir! Servir com dedicação, empenho, com todo o seu desejo de fazer o outro ter a melhor experiência de compra e/ou de prestação de serviço. E servir requer mudar-se por dentro.

Ter um negócio próprio é uma ideia muito atraente. Espero que você não desista de colocar esta ideia em prática tão facilmente. O Brasil precisa de novos líderes e empreendedores que tenham iniciativa e dinamismo para alavancar nossa nação para outro patamar. Sabemos que grande parte dos negócios que fazem o nosso PIB crescer consiste numa miríade de pequenas e médias empresas que lutam para superar adversidades e transformar sonhos em realidade. O livro que você tem em mãos possui como missão ser um estímulo para essas iniciativas e ser um apoio encorajador nas horas difíceis, para que um número cada vez maior de profissionais como você possa construir negócios saudáveis que sejam fonte de realização e felicidade.

Boa leitura!

César Souza
Presidente da Empreenda. Consultor, palestrante e autor do best-seller Você é do tamanho dos seus sonhos (Best Business, 2016).

Beth Martins

Introdução

Sou psicóloga de formação e construí minha carreira dentro do universo corporativo. Fiz uma formação clássica na faculdade com licenciatura e magistrado em Psicologia Clínica. No início de minha carreira, optei por atuar com orientação psicanalítica, e para isso tive que me dedicar a estudar mais e mais. Logo descobri que ser uma psicanalista exigia mais do que árduos estudos. A primeira lição sobre o mundo dos negócios eu aprendi a duras penas: um forte desejo de vencer, somente, não faz de nós vencedores. Eu tinha um grande desejo empreendedor, mas estava aplicando esforço de maneira errada.

Minha orientadora clínica foi fundamental neste momento. Depois de seis anos me apoiando, ela me disse claramente: "Talvez esse não seja o melhor caminho para você, acho que é hora de repensar. Vá para o mundo corporativo e lá você poderá ter sucesso, pois você tem uma boa bagagem técnica". E assim foi. Logo de cara comecei a ganhar dinheiro com treinamento comportamental, isso na década de 1980. Eu, então, comecei a reconfigurar minha trajetória. Novamente comecei pelos estudos. Em 1989, li Falconi, um mestre em gestão e qualidade, depois fui estudar *coaching* quando nem se falava disso no Brasil, em 1993, e tracei um caminho de realizações desenvolvendo lideranças em grandes empresas desde 2005. Em 2012, lancei meu livro Virei supervisor e agora? pela Editora Saraiva, no qual relato minha experiência de mais de vinte anos de treinamento com líderes de primeira linha.

Em paralelo, desde 1998, atendi, como *coach* e orientadora de carreira, dezenas de profissionais e executivos de empresas de diferentes portes e ramos de negócios. Orientei profissionais a empreenderem com sucesso e terem seus sonhos de vida realizados. Hoje atendo executivos de empresas nos mais diferentes níveis profissionais. Líderes empreendedores e pessoas que sonham com uma vida melhor. Ministro treinamentos de liderança em grandes empresas e sou sócia-diretora da iForma Treinamentos, que atua em todo o território nacional com desenvolvimento de líderes em empresas de grande e médio portes.

Meus clientes chegam até mim por meio de meus treinamentos e/ou por indicação, o velho boca a boca. Muitos deles me procuram com

Virei empresário, e agora?

queixas de dúvidas nos caminhos de suas carreiras, ou são empresários que estão precisando de apoio em suas análises quanto aos negócios e ou como lidar com suas equipes. Os assuntos são diversos.

Foi nesse cenário, e nesses quase vinte anos atuando como *coach* de diferentes executivos em diversas organizações, pessoas nos mais variados cargos dentro de empresas, que observei que muitos desses profissionais sonham em alçar voo próprio. Querem sair da organização para a qual trabalham e traçar uma carreira autônoma ou abrir sua empresa. Mas a maioria guarda esse desejo naquela gaveta chamada "projetos futuros" – que tende a nunca ser aberta de fato, engrossando a lista de frustrações na idade madura.

Raros são os que apostam verdadeiramente nessa ideia com toda a sua energia de mudança e conseguem bons resultados. E mais raros ainda são aqueles que sabem pensar grande e extrapolam todos os projetos iniciais. Este livro indica como cada etapa de sonho pode tomar corpo e se tornar uma realidade viável para quem começa sem muitos recursos e com muitas dúvidas e incertezas.

O livro aborda todas as fases, desde o sonho às dificuldades, e as posturas mais comuns dos empresários vencedores x empresários sofredores. Há empresários vencedores que se tornaram bilionários. Todavia, quero deixar claro que o que chamo de empresário vencedor não são apenas os muito ricos. Vencedor é todo aquele que foi capaz de concretizar seu sonho e que se sente financeiramente feliz e realizado com sua caminhada profissional. Ou seja, que atingiu a prosperidade!

O tamanho da riqueza varia de acordo com os sonhos de cada um. Em poucas palavras, o que vou mostrar neste livro é que a grande diferença entre o empresário vencedor e o empresário sofredor não é – apenas – a conta bancária. As cifras são apenas a consequência de uma "riqueza de espírito", ou melhor, de uma riqueza mental do empresário vencedor. Ele é rico materialmente porque tem uma sabedoria diferenciada para os negócios.

Em minha experiência como *coach* percebo que existem diferentes modelos de pensamento. Observo que diferentes ideias levam a atitudes e escolhas distintas na vida e no trabalho. O modo de pensar, de enxergar as coisas, é o que diferencia brutalmente os empresários vencedores dos empresários sofredores.

Este livro não irá tratar de aspectos técnicos e teóricos da administração. Não direi o que você deve fazer como gestor. O passo a passo para abrir e gerenciar um negócio você poderá encontrar e estudar em outros livros, introdutórios ou específicos. Mas pouco se fala sobre o modelo mental que é, na verdade, o diferencial dos empresários vencedores. O fator crucial para o sucesso.

É por isso que escrevo. Você aprenderá como pensar sobre os obstáculos para, assim, tomar as decisões mais sábias e assim ter mais ferramentas para superá-los. O que compartilho aqui são lições ligadas ao modelo mental e emocional dos empresários. Lições que organizei a partir da minha experiência de mais de vinte anos como *coaching* de carreiras.

Ah, devo fazer já uma ressalva: quando digo "empresário" não me restrinjo ao gênero masculino. Acontece que, devido à norma culta da língua portuguesa, o termo generalista tanto quanto o plural aparecem sempre no masculino. Então dizemos corriqueiramente: "empresário", "vencedor", "sofredor", "prósperos" etc. Contudo, friso que o livro é voltado a todos os(as) candidatos(as) a ter um negócio de sucesso, o que inclui as mulheres, que, cada vez mais, têm participado de forma relevante do universo corporativo e empresarial – até poucas décadas atrás um universo predominantemente masculino. Nesses anos de *coaching* atendi muita gente e acompanhei o crescimento da atuação feminina nos negócios. Hoje, além de numericamente representativas, elas também ocupam cargos de liderança e – por que não? – empreendem seus próprios negócios.

Baseada na minha prática é que escrevi este livro. O que trago aqui são, enfim, lições a partir do que eu vi, ouvi e debati nestes anos de trabalho. Sistematizo aqui minhas experiências e impressões, registro-as na forma de um livro para – assim eu espero – ajudar mais gente, como você, a conquistar a prosperidade.

Há muita bibliografia sobre empreendedorismo, plano de negócios, liderança e assuntos afins. Elas certamente poderão auxiliá-lo em seus estudos para planejar e gerir sua empresa. Porém, este livro não vai por essa linha; não é um guia administrativo. Aqui você encontrará reflexões bem práticas sobre como pensa, sente e age o empresário que venceu os obstáculos de começar o próprio negócio e se tornou um vencedor.

No primeiro capítulo, eu trago os desafios comuns de todo novo empresário e dicas de como encará-los a fim de que o sonho se concretize com sucesso.

Um quadro comparativo com as falas e atitudes de cada tipo de empresário, assim como cases, são apresentados nos capítulos 2 e 3 e ilustram muito bem os modelos mentais e atitudes dos empresários vencedores e sofredores – exemplos reais que eu pude conhecer. Aqui você enxergará de qual modelo você mais se aproxima e isso pode ser determinante para (re)definir sua caminhada rumo à prosperidade.

Virei empresário, e agora?

No capítulo 4, enumero as provas que, se você já não enfrentou, irá enfrentar. São os dilemas, os grandes obstáculos na trajetória do seu negócio, para os quais é preciso sabedoria, um espírito verdadeiramente vencedor, para enfrentá-los com sucesso.

Nos capítulos 5, 6 e 7, vou contar mais histórias de empresários que se tornaram modelos para um mundo melhor e do que realmente se trata a prosperidade. Em outras palavras, vou explicar como ser um empresário que não vence sozinho, mas traz prosperidade para todos ao seu redor.

Depois de compartilhar tudo o que eu vi e aprendi com as experiências de *coach* e cursos para executivos e empresários, apontando as dificuldades – e soluções – da vida do empresário, falarei, enfim, da prosperidade. Uma vez conquistada a riqueza financeira, como atingir a prosperidade e, uma vez experimentada, como viver e multiplicar a prosperidade?

Espero que nos próximos capítulos você identifique alguns pontos fracos e pensamentos limitadores de seu sucesso. Não se desespere se você se enxergar em vários deles. O fato de estar lendo estas linhas já demonstra sua vontade de aprender, de se autoconhecer para se transformar. Espero que aprenda como fazer uso do conhecimento para vencer as fases difíceis e chegar ao tão almejado sucesso.

1

Virei empresário, e agora?

Tenho encontrado cada vez mais jovens profissionais encantados com a possibilidade de abrir um negócio próprio e alcançar a tão sonhada "independência financeira". Contudo, os atuais números do IBGE apontam: mais de 60% das pequenas e médias empresas fecham com menos de cinco anos de existência.[2] Depois dessa experiência desastrosa, os tão animados empreendedores de primeira viagem prometem nunca mais voltar a ter tanta dor de cabeça. E saem dizendo, em alto e bom som, para quem quiser ouvir: "Quero voltar a ser empregado. Deus me livre desta vida de homem de negócios. Isso não é mesmo para mim".

E por que não?

A resposta é simples. Alguns empresários, mesmo sem experiência comercial, dão a impressão de terem vindo a este mundo com o fantástico dom de empreendedores, ricos e vencedores. Já outros, por mais que queiram, não conseguem passar de sofredores empresários que lutam, lutam e não conseguem progredir. O fato é que todos começam entusiasmados com a oportunidade. Mas, por alguns motivos, parte desses novatos parece estar fadada ao fracasso ou ao sofrimento prolongado. O negócio, que parecia outrora a porta para a liberdade e a prosperidade, tornou-se, então, uma penúria.

O que aprendi observando e acompanhando os dois tipos de empresários é que os que pensam e sentem fazem muita diferença no início do processo de empreender um negócio. As fases iniciais são as mais desafiadoras, e se você conhece alguns pontos de encruzilhada nos momentos fundamentais de tomada de decisão, a caminhada poderá ficar mais fácil. Não precisamos aprender pelo sofrimento, e pelo difícil processo de erro e acerto. Em muitas ocasiões, mais erros que acertos. Nestes novos tempos, podemos e devemos evoluir pela aprendizagem e conhecimento. Com este livro espero poder contribuir com minhas experiências, e assim talvez você, meu leitor, possa se economizar e não se machucar tanto nas ditas "pedras no caminho".

A seguir, elenco as primeiras coisas que todo sonhador deveria saber de

---

2. Fonte: IBGE, Diretoria de Pesquisas, Coordenação de Metodologia das Estatísticas de Empresas, Cadastros e Classificações, Cadastro Central de Empresas 2005-2014.

Virei empresário, e agora?

antemão ao se aventurar em seu próprio negócio. Isso certamente evitaria algumas catástrofes, pois, por incrível que pareça, as causas do fracasso e do sucesso dos empreendimentos se repetem. Então, vamos a algumas dicas valiosas para quem vai abrir ou para quem já começou um negócio próprio.

Lição Express 1

Não basta ter boas intenções e determinação para prosperar. É preciso ter "certas atitudes", ter aquele "algo a mais", ir além do básico.

Abrir um negócio de sucesso – e com longevidade – é para poucos. Por que alguns se saem tão bem e outros ficam atolados como que em um banco de areia movediça que só os leva, mais e mais, para baixo na escada da prosperidade?

A resposta está num conjunto de pré-requisitos fundamentais, capazes de garantir sucesso ao candidato a empresário em sua empreitada. Falarei sobre os ingredientes ao longo dos capítulos, por isso preste atenção e guarde sempre as dicas destacadas nos boxes.

Ah, e vou logo adiantando que mesmo eu sendo uma profissional de treinamento e com longa experiência em acompanhamento de carreira e *coaching* – e que portanto eu incentive o (auto)conhecimento como ferramenta para a prosperidade – afirmo que não são somente horas e horas despendidas com estudos e pesquisa o fator único e determinante do sucesso.

Como já temos visto tantas e tantas vezes, grande parte dos dirigentes renomados que chegaram a figurar em capas de revistas atraindo as luzes sobre si e suas trajetórias, não estiveram sentados em banco de universidade, muito menos fizeram cursos de pós-graduação, MBA ou mestrados antes de abrir seus negócios.

Quero aqui deixar bem claro os meus argumentos. Sim, estudar é fundamental, é uma das condições necessárias, todavia, "só isso" não é determinante para fazer homens e mulheres de sucesso na arte de transformar ideias em empresas milionárias. É preciso muito mais que isso! Sabe aquela situação em que falamos sobre condições necessárias, mas não suficientes? Então é esse o caso. Ter conhecimento e preparo mental é condição necessária, mas não suficiente!

É preciso ter mão de Midas, aquele rei da mitologia grega que, segundo o mito, transformava em ouro tudo aquilo em que tocava. Claro que um dom como esse, tão literal e poderoso, atrapalhou bastante aquele rei e é óbvio que ninguém precisa ter um destino assim tão trágico, o de conquistar todo o ouro sequer imaginado, porém perder o alimento que vai à boca e até a própria filha, já que foram transformados em belas estátuas de ouro com o toque do rei [3].

Na realidade, você pode, sim, ser um empresário de sucesso, vencer profissionalmente, ter dinheiro e ser feliz com sua família, saúde e amigos que lhe queiram bem. Mas o que mais importa é saber o que lhe deixa em equilíbrio na vida. "O que faz você feliz?", perguntava a famosa propaganda do supermercado Pão de Açúcar, acompanhada de uma melodia singela. Parece uma perguntinha simples – "só que não" é!

Vamos a um exercício prático agora. Se puder e estiver perto de um bloco de notas e caneta, do computador ou *smartphone*, agora é a hora de anotar.

Pense um bocado e escreva, com sinceridade, o que te faz, ou o que te faria, feliz? Comprar frutas frescas no mercado, almoçar com a família, andar de bicicleta, como mostra a propaganda? Rir com os amigos? Ter saúde? Chegar aos 100 anos de idade? Ser rico? Milionário? Ter uma bela casa? Casar-se? Ter filhos? Viajar? Ser diretor da empresa? Ser bem-sucedido? Pense mais e escreva.

Já anotou no seu computador ou no bloco de notas? Então vamos analisar suas respostas, pois autoconhecimento é indispensável para traçar seu futuro, definir suas ações e estratégias nos negócios e na vida.

Bem, você não deve ter conseguido apontar apenas uma coisa que te faz feliz. Provavelmente, elencou múltiplos fatores para a felicidade, desde as pequenas alegrias às grandes coisas da vida. Preste atenção à ordem espontânea em que as respostas vieram a sua cabeça; e à ordem em que você as listou. Feito isso, reflita sobre o grau de importância que você atribui a cada um dos itens.

Repare quais são, verdadeiramente, suas prioridades e pense: "o

---

[3]. Assim que recebeu o dom, feliz e encantado com todo ouro que conseguia, Midas senta-se para um banquete. Todo pão que pegava para levar à boca virava ouro. Abraçou sua filha e ela virou, num instante, uma estátua de ouro. Diante da tragédia, o rei implorou aos deuses para desfazer estes encantos. Assim, o mito evoca, simbolicamente, a questão da ganância. Qual a real importância da riqueza material para a felicidade?

Virei empresário, e agora?

que eu fiz, o que eu faço, o que tenho feito para conquistá-las e/ou para mantê-las?" Por exemplo, se a boa saúde é uma das primeiras coisas da sua lista, imagino que você já esteja se dedicando a isso: você prioriza a alimentação natural, tem rotina de exercícios físicos, faz *check-up* regularmente, cuida da mente sã, busca o equilíbrio emocional e a troca de boas energias com as pessoas com quem convive. Ou não?! Oras, se você não está fazendo nada pra concretizar seus objetivos, já ficou mais do que evidente que você sabe estabelecer desejos, mas não age. Esse é um ponto que temos que superar no caminho da vida empresarial. Pensar, sentir e não agir é caminho certo para o fracasso. O mundo dos negócios só valoriza aqueles que sabem tomar decisões rápidas, e agem! Então sair da conhecida "zona de conforto" é vital.

Na sua lista aparecem itens como "enriquecer", "ser um empresário de sucesso", "ter meu próprio negócio", "ser bem-sucedido"? Também para realizá-los você já deve ter tomado algumas providências ou, ao menos, vislumbra concretizar algumas delas, como estudar, capacitar-se, capitalizar, relacionar-se com empresários que já tem sucesso, ser um líder, dentre tantas habilidades exigidas para abrir seu negócio. Porém, o que eu tenho a dizer é: para além de todas essas aptidões técnicas e práticas de um empresário, é preciso ter uma mentalidade diferenciada para prosperar. A sabedoria emocional, o pensamento do vencedor: eis o "x" da questão. É nesse ponto que quero ajudá-lo.

No célebre livro *Os segredos da mente milionária*[4], T. Harv Eker fala bastante sobre a (re)programação mental para enriquecer, para ambicionar e conseguir ganhar mais e mais dinheiro, ou seja, como descobrir e atingir seu pleno potencial de enriquecimento. É categórico ao afirmar que o sucesso do seu negócio depende do seu modelo de como você se relaciona com o dinheiro.

Eker faz uma constatação que julgo muito interessante: o "modelo" que cada um possui de dinheiro é determinante de seu sucesso ou fracasso financeiro. Isto é, o pensamento sobre o dinheiro – que inclui o modo como se foi condicionado a pensar, a programação passada, o que se ouvia e via na infância, as lembranças, as associações, as experiências anteriores – é o que

---
4. EKER, T.H. *Os segredos da mente milionária*. Rio de Janeiro: Sextante, 2006.

guiará os sentimentos e as ações futuras na área financeira. Dessa forma, se você tem, mesmo que lá nas profundezas da sua mente, uma visão negativa sobre o dinheiro, sobre ganhar dinheiro ou sobre ser uma pessoa rica, saiba que no momento em que estiver enriquecendo você se sabotará, ainda que inconscientemente! Por isso, a saída é se conhecer, para então se reprogramar e redefinir as atitudes a fim de obter sucesso nos seus negócios.

E se na sua lista da felicidade apareceu saúde, família, amigos e riqueza, tudo junto e misturado – isso é realizável? É claro que sim! Tornar-se rico não significa necessariamente abandonar a família, amigos, os pequenos prazeres e... A humanidade. É possível desfrutar de uma vida perfeitamente equilibrada.

Conforme nos ensina Eker, se você quer ser um empresário milionário jamais conseguirá caso seu cérebro esteja programado negativamente para o assunto "dinheiro". Muitos empresários podem ter modelos mentais com associações negativas para o dinheiro e nem perceber. Mas a riqueza não depende, necessariamente, da ganância, da exploração, do egoísmo e da manipulação de pessoas.

Ao contrário, pretendo disseminar através das lições compartilhadas neste livro que o grande empresário é aquele que atinge a riqueza em todos os sentidos. É aquele que propaga a prosperidade como uma onda que inunda a praia. Por isso eu nomeio esse tipo de Empresário Vencedor, e não simplesmente empresário rico/milionário/bilionário.

Vencedor é aquele que prospera. Prosperidade é uma palavra que carrega mais do que uma conta bancária recheada de dinheiro. Quando dizemos "Um próspero Ano Novo" para alguém estamos desejando um pacote de coisas positivas. Prosperar, além de enriquecer, significa também progredir e melhorar. Empresário Vencedor é aquele que alcança o sucesso e a prosperidade.

Como ser próspero e ter uma vida equilibrada são o que este breve livro vai lhe apresentar. Em uma linguagem fácil e sem rodeios, vou contar histórias reais de pessoas que conseguiram chegar lá. E mais, como vencer o pior de todos os inimigos de qualquer trajetória de realizações, o seu mais próximo algoz: o MEDO.

Virei empresário, e agora?

Lição Express 2

É preciso entender que "negócio" é diferente de "venda". Muitos dos empresários famosos que aparecem nas reportagens de revista foram, no passado, vendedores. O vendedor é, afinal, um forte candidato a novo empresário.

Parece que existem pessoas que nasceram com o dom de vender! São capazes de vender qualquer coisa, não importa o produto. Isso porque a venda é, antes de tudo, uma relação entre pessoas, um "tête-à-tête"[5] e, embora o *e-commerce* venha revolucionando essa dinâmica, ainda levam vantagem nas vendas aquelas pessoas com melhor traquejo social. O fato é que um bom vendedor por vocação sabe lidar com as pessoas, porque naturalmente reconhecem o perfil de cada cliente e sabem, então, como tratá-las e como convencê-las a comprar. Esse tipo de vendedor não precisou estudar as técnicas de venda para isso. Muitos bons vendedores, como os ambulantes, vão lapidando essa vocação na prática, por necessidade e, assim, vão garantindo a renda no final do mês.

Há muitos casos de empresários de sucesso que, no passado, foram vendedores. A maioria, como eu já disse anteriormente, nunca havia passado pelo banco de uma universidade. Em suas trajetórias, que também contam com perdas, fracassos e pedras no caminho, eles venderam produtos diversos; inquietos, mudaram de empresa e estratégia sucessivas vezes. Sucessivas... Suceder... Sucesso... Pois é, o parentesco entre as palavras nos faz lembrar: para ter sucesso é preciso persistir. Fica a dica! Ninguém disse que é fácil!

Eloy Tuffi, dono da Microcamp, era vendedor na 25 de março. E não foi só isso; teve uma banda musical, montou uma boate, vendeu enciclopédias, foi dono de escolas de inglês até chegar e acertar com a Microcamp, um negócio que popularizou o ensino de informática nos anos 90[6].

David Portes, também conhecido por David Camelô, morou nas ruas, mas nunca desistiu do sonho de prosperar. Quando sua mulher grávida precisava de um remédio ele conseguiu doze reais emprestado. Arriscou-se a comprar balas para vender nas ruas e, então, conseguiu multiplicar

5. Face a face em francês..
6. FERNANDES, André Bartholomeu. *De vendedor a empresário de sucesso*, 2013. Disponível em: <https://goo.gl/nAT1Ug>. Acesso em: 11 março 2016.

o valor. Portes cortou cana, vendeu laranjas e as balas antes de conseguir montar uma barraca de camelô, que só cresceu. Hoje ele tem franquias e é palestrante em nível mundial. Ah, e continua trabalhando na sua primeira barraca, afinal, bom empresário gere tudo de perto![7]

O profissional da área comercial de uma empresa, que ama o que faz, é um forte candidato a novo empresário. Destaca-se do restante da equipe, supera as metas de vendas, tem lábia como ninguém. Num dado momento, seja por divergências com as diretrizes da empresa, do chefe ou porque busca desafios que o estimulem a sair da zona de conforto, esse vendedor começa a pensar em caminhar sozinho. Pronto! Está plantada a sementinha do sonho de ser autônomo ou abrir seu próprio negócio.

Contudo, é preciso sabedoria para transitar da condição de vendedor de sucesso para a de empresário de sucesso. Sabe por quê? Porque fazer negócio não é apenas saber vender.

Afinal, qual a diferença entre "negócio" e "venda"?

Na venda, o que conta é apenas a situação em si, envolvendo o vendedor, o comprador e o produto. O vendedor fecha a venda e, concluída a transação, ele pega o dinheiro e tchau – "hasta la vista, baby", como dizia Arnold Schwarzenegger no filme *O exterminador do futuro 2*.[8]

Só que essa é a linha de pensamento do vendedor que pensa pequeno. Se não mudar de mentalidade, ele nunca conseguirá se tornar um verdadeiro empresário, nunca verá seu negócio dar certo. Pode até ser um bom vendedor, mas será um empresário sofredor. Seu negócio está fadado a entrar na terrível estatística da mortalidade das empresas.

Certa vez, conheci um vendedor que se gabava de ter vendido mais de 5 mil carros em sua vida, porém reclamava que, diariamente, tinha de sair caçando clientes. Então perguntei: "Mas nenhuma dessas pessoas que compraram seus carros voltaram para adquirir outros?". Ele me respondeu: "Depois que eu faço a venda, acabo por ali, não quero mais saber do carro nem da pessoa".

Este é o exemplo do vendedor "provável futuro empresário sofredor".

Ele só entendia do conceito "venda". Então, ensinei-lhe como melhorar

---

[7]. LAROSSA, Luciano. *8 empresários brasileiros de sucesso que você deveria conhecer*, 2016. Disponível em: <https://goo.gl/jAfm9T>. Acesso em: 25 set. 2016.
[8]. *O exterminador do futuro 2*, título original *Terminator 2: judgement day*, dir.: James Cameron, 1991. EUA.

sua vida partindo de uma simples pergunta: "Você nunca pensou em deixar de ser um vendedor para se tornar um negociante?" Faltava a ele o conceito de "negociar", muito mais profundo do que apenas vender.

Pense na frase:

"Negócio se faz entre pessoas, pois o produto vendido é apenas consequência".

Quem tem o espírito (e a atitude) de negociante possui aquele "algo a mais" que falamos no começo deste capítulo. É justamente esse "algo a mais" que o simples vendedor e que o empresário sofredor não possuem. O negociante não vende apenas um produto ao seu cliente. Ele estabelece uma relação de confiança com o comprador, o que modernamente chamamos de "fidelização do cliente". Como estabelecer a fidelização? Em que momento ela se dá?

Aquele que tem a alma de negociante, durante todo o processo, que vai desde a apresentação até a entrega do produto e a atenção ao pós-venda. Ele tem empatia para com o cliente, pensa e passa essa energia: "Hoje você está comprando pela primeira vez este produto de mim. E sou eu quem vai vender este produto toda vez que quiser comprá-lo, pois eu sou quem melhor lhe apresenta o produto, quem entende suas necessidades, quem faz a coisa certa e honesta. Por isso, toda vez que quiser comprar este produto novamente, você irá se lembrar de mim, de como foi maravilhosa esta experiência de compra e da satisfação que você obteve com o produto".

Passando essa energia, praticando o pós-venda (sem "fugir" da clientela como aquele vendedor de carros), seu cliente certamente voltará para comprar outras vezes e, detalhe, comprará o que você estiver vendendo: carro, sapato, caneta, terno, remédio, serviço, seja o que for, simplesmente porque ele aprendeu a confiar em você. E mais: ele o indicará para os amigos.

Assim, veja como são bem diferentes esses dois tipos de empresário: o vendedor "mata" o cliente a cada venda, precisando sair na selva para caçar outra vez e outra vez, eternamente recomeçando tudo do zero. Já o negociante monta uma carteira de clientes, passando a maior parte do tempo vendendo o mesmo produto pela terceira, décima, nonagésima vez para as mesmas pessoas, não precisando sair tanto à selva para caçar. Ao se interessar em manter a clientela, ele constrói e expande os relacionamentos. E assim, sentindo-se mais seguro social, emocional e financeiramente, este empresário terá mais tempo – e energia – para prospectar novos negócios, ampliando a sua atuação.

Dica: Trate a todos os seus contatos comerciais com respeito e como clientes que irão te levar à concretização de seu sonho. Não julgue nem desconsidere ninguém. Aquele menos provável pode ser um grande comprador seu no futuro.

No mundo dos negócios conta muito como o dirigente encara cada tomada de decisão no seu dia a dia. Ele precisa pensar, sentir e agir como quem já viu realizado seu empreendimento. E, claro, sem ficar fixado somente no sonho. Só com muita ação e determinação os sonhos se tornam realidade.

E chegamos ao primeiro passo para a concretização do sonho: "Virei empresário, e agora?"

Abrir um negócio é um grande desafio, principalmente para aqueles que vieram de situação onde a estabilidade era a maior motivação no trabalho. Aquele que foi empregado e quer se aventurar no mundo dos negócios encontra um obstáculo quase intransponível: o seu próprio modelo mental.

O pensamento padrão do empregado é manter o barco estável e trabalhar direitinho para o "chefe" (o empregador) ficar satisfeito e, assim, garantir o seu sustento com todos os direitos trabalhistas garantidos por lei. Portanto, o principal desafio de quem foi empregado durante muitos anos e pretende partir para o empreendedorismo é mudar esse padrão de pensamento.

É um erro pensar que começar um negócio é o meio mais rápido para fazer sucesso e encontrar a estabilidade financeira. Um total equívoco imaginar que um novo empreendimento trará rentabilidade de curto (ou médio) prazo. E mais errado ainda alimentar o sonho de que o novo negócio vá ser um modelo de "emprego" com mais liberdade e autonomia. Não, a coisa não funciona bem assim.

Por mais racionais que estes novos empreendedores sejam e por mais que repitam um mantra diário, "sabemos que vai levar tempo para recuperar o dinheiro investido, sabemos que tudo isso é assim mesmo". Na verdade, a sensação emocional não acompanha a fala racional. Há uma ansiedade persistente de receber o "salário" ao final do mês e, convenhamos, isso é angustiante.

Mesmo sabendo que o retorno leva determinado tempo para acontecer, o novo empreendedor simplesmente não consegue deixar de acalen-

Virei empresário, e agora?

tar a expectativa de ver o dinheiro começar a aparecer antes do previsto. E, conforme o tempo vai passando, as forças desse bravo guerreiro vão sendo minadas por uma série de situações novas em sua vida. Não há mais remuneração por horas extras, não há dias de folgas remuneradas, e ele agora, ainda por cima, passou a trabalhar aos finais de semana. Então esse empresário de primeira viagem passa a sentir na pele aquela sensação de quem trabalha 24 horas por dia e não vê os frutos de seu trabalho serem concretizados (visão de curto prazo). Alguns não sofrem com esse novo estado de coisas, pois sabem que estão investindo num futuro melhor, possuem visão de médio e longo prazos, e sabem que essa fase é passageira, já outros sentem-se mal nessa nova situação.

Qualquer negócio requer horas e horas de empenho árduo – muitas vezes com detalhes que quase ninguém vê, e, portanto, não valorizam – e, sobretudo, exige muito investimento financeiro com rendimento ainda baixo. Fora toda essa tensão, o novo empresário tem de lidar com o estresse provocado pela família que, cansada de vê-lo se dedicar tanto ao negócio, ora cobra para que trabalhe menos, ora sugere que ele desista do empreendimento e procure um emprego.

O começo de qualquer negócio costuma ser caótico porque a estrutura ainda não está completamente montada e o novo homem de negócios tem de se virar da forma que pode até que tudo entre nos eixos. Outro fator estressante é que leva um tempo para aprender a ser seu próprio chefe ou a ter vários chefes – os clientes, estes sempre exigentes – e satisfazê-los sem que eles saibam das dificuldades pelas quais o empresário está passando.

Todos esses desafios levam o novo empresário a duvidar de sua escolha. É muita coisa para assimilar, contornar e, no final, superar com êxito. Alguns desistem por não terem fôlego emocional e/ou financeiro para continuar.

Empresas são como bebês. Não se pede para um bebê de poucos meses ou anos sustentar um adulto ou uma família. É preciso alimentar este negócio por tempo suficiente até que ele vire, primeiro, um jovem promissor; depois, um adulto capaz de, aos poucos, ir retribuindo o valor investido, para, então, começar a gerar lucro de fato.

Lição Express 3

Transforme a sua paixão pelo negócio em algo lucrativo.

É muito importante ser apaixonado pelo seu negócio, mas a paixão por si só não é capaz de fazer um empresário próspero. A paixão consome o seu entusiasmo como fogo, e o que fica depois são cinzas. Que fique bem claro que eu me refiro à paixão e amor pelos negócios e não apenas pelo produto que você vende.

Conheço pessoas que, após anos trabalhando em determinada área técnica e estando cansados da rotina, dos horários rígidos, não suportando mais o chefe e ansiando por outros prazeres da vida, decidem mudar. Apostam suas fichas – ou seja, sua suada poupança e mais um pequeno empréstimo – na abertura de um negócio próprio, investindo em alguma coisa pela qual são completamente apaixonados, por exemplo, seu *hobby*. Pensam entusiasmados: "Será perfeito, vou trabalhar e ganhar dinheiro com algo por que sou apaixonado e já conheço muito bem!"

Hobby é passatempo, é divertimento. Para algumas pessoas, vai além. É um comprometimento sério, com data marcada e rígida assiduidade. Algo a que a pessoa dedica a maior parte das suas horas livres. Quando é verdadeiramente apaixonado pelo *hobby*, invariavelmente o praticante abre mão de muitas coisas para realizá-lo. Há pessoas aficionadas pelo *triatlo*, golfe, ou pelo mergulho, por pescar, por tocar um instrumento, pela pintura, dentre muitas outras atividades. Em busca do aperfeiçoamento, esse aficionado dedica várias horas semanais; levanta cedo nos finais de semana, deixa de ir a jantares e festas familiares, estuda, lê e frequenta eventos na área.

Você deve conhecer pessoas assim, que se comprometem tão seriamente com seus *hobbies* que eles são quase uma segunda profissão. A diferença é que, ao invés de ser seu ganha-pão, o *hobby* acaba sendo seu bom "gasta-pão". É preciso reconhecer que esse praticante semiprofissional, vamos chamá-lo assim, conhece muito da atividade: as necessidades, as dificuldades, o perfil dos praticantes, a demanda. Além da paixão, esse conhecimento dá ao futuro empresário a certeza de que obterá sucesso nesse ramo de negócio.

Virei empresário, e agora?

Até aí, excelente, não é mesmo? A paixão impulsiona a ação, e isso é importantíssimo para o empresário. Porém, a paixão pelo serviço/produto não basta. É preciso ter paixão pelos negócios, ter a alma de negociante. E, espere, ainda tem mais!

Tudo o que é paixão deve virar amor para se manter duradouro. Amar o que faz sugere que você não tem como escapar daquilo: é o que dá sentido a sua vida, é a sua fonte de inspiração diária. Não importa se você constrói prédios, carros, um belo prato de comida, vende artigos para pesca ou instrumentos musicais. O que importa é sua vontade de usar o talento que tem para um bem maior.

Está aberto para amar o negócio como um todo? É necessário amar o pacote completo para encarar e sobreviver aos desafios da administração. Porque é difícil, haverá reveses e provações e, se você não amar, você vai desistir.

As próximas dicas servirão justamente para lapidar o fogo da paixão e transformá-lo em algo duradouro.

Lição Express 4

Quando afirmei, no primeiro capítulo, que "não são horas e horas despendidas com estudos o único ingrediente determinante do sucesso", quis dizer que diplomas não são garantias do sucesso. Constatei isso ao longo de duas décadas. E minha experiência não engana: pesquisa do Sebrae (Serviço Brasileiro de Apoio às Micro e Pequenas Empresas) aponta que somente 10% dos donos de negócios no Brasil têm ensino superior completo[9]. Para se ter ideia, nos países desenvolvidos chega a 58% a parcela de empreendedores com tal nível de escolaridade[10]. Não obstante, o Brasil figura, ano a ano, entre os países mais empreendedores do mundo conforme os relatórios da Global Entrepreneurship Monitor[11].

---

9. SEBRAE. *Os donos de negócio no Brasil, por regiões e por unidades da federação.* Série estudos e pesquisas, 2013.
10. PIMENTEL, Alex. *Curso de empreendedorismo.* São Paulo: Digerati Books, 2008.
11. O Global Entrepreneurship Monitor é um dos estudos mais importante do mundo do empreendedorismo. Através de uma vasta coleta de dados, centralmente coordenada e internacionalmente executada, a GEM é capaz de fornecer informações de alta qualidade, relatórios abrangentes e histórias interessantes, que melhoram a compreensão do fenômeno empresarial no mundo. Seus dados podem ser encontrados no sítio virtual da empresa: https://goo.gl/gVxU8B.

Como se vê, a relação entre nível de escolaridade e sucesso nos negócios não é tão óbvia como parece. Insisto: a característica essencial dos empresários vencedores é seu modelo mental, é seu modo de pensar que os leva a agir diferentemente do restante.

Uma postura mental muito erudita, rígida, pode atrapalhar nos negócios, uma vez que para ser um bom empresário é preciso uma dose muito grande de flexibilidade mental. Porém, aí vai um fato: não há crescimento nem mudança sem capacitação. Mesmo os empresários de sucesso que ficaram ricos sem frequentar faculdades foram buscar, a certa altura, o conhecimento formal. Por isso é tão importante estudar, pesquisar em livros, ler tudo o que já foi impresso sobre o seu ramo, estar atualizado com as notícias mais recentes da área.

Sabia que uma das grandes causas apontadas para a mortalidade das empresas nos primeiros cinco anos é a escassez de conhecimento sobre o negócio? Mais da metade das empresas não realiza um planejamento com os itens básicos antes do início das atividades, conforme aponta o relatório do Sebrae-SP[12]. Por exemplo, abrem a empresa sem saber o número de clientes e seus hábitos de consumo, tampouco a quantidade de concorrentes que devem enfrentar. O relatório aponta várias atitudes gestoras que tendem a aumentar a permanência da empresa no mercado. Pedro Gonçalves, economista desse órgão, adverte: "Quem busca informações sobre o ramo de atividade antecipadamente tem maior chance de sucesso"[13].

Fique atento. Conectar e perceber o mundo à sua volta é essencial. Planeje o básico para o início do seu negócio. Não dê "tiro no escuro"; estude a localização, o capital, os hábitos dos clientes, os concorrentes, a legislação e a mão de obra necessária ao seu empreendimento. Como já disse, há vários livros sobre administração e marketing que podem te ajudar no novo negócio, com linguagem simples eles atendem quem não é graduado na área.

Hoje em dia, a informação está a um clique. Na internet, a informação é sem fim e a maior parte é gratuita. Nos sites próprios de empresas já bem estabelecidas você pode encontrar informações sobre o histórico, os planos

---

12. *Causa mortis: o sucesso e o fracasso das empresas nos primeiros 5 anos de vida.* Disponível em: < https://goo.gl/LJ7ckj >. Acesso em 29/04/2016.

13. Apud FERREIRA, Afonso. *Sebrae lista os 6 maiores erros de quem vai à falência*; saiba como evitá-lo. Disponível em: <https://goo.gl/t1zTaL>. Acesso em 29/04/2016.

Virei empresário, e agora?

de expansão e até divulgação de números de funcionários, filiais, vendas e faturamento. Sites de notícias informam diariamente o cenário econômico do país, blogues alternativos trazem inovações e casos de sucesso. Há ainda revistas acadêmicas, *e-books*, cursos à distância e até assessorias *online*.

Agências privadas e públicas, nacionais e internacionais, disponibilizam banco de dados, estatísticas e relatórios interessantes, como IBGE, Sebrae e GEM, que já citei no texto. Em seus sites estão reunidas informações valiosas, mas tudo *"free"*, *"grátis"*. O Sebrae, por exemplo, tem publicado estudos recentes e detalhados sobre o panorama do empreendedorismo no Brasil. Embora esse órgão seja voltado para as micro e pequenas empresas, lembre-se de que 99% das empresas brasileiras estão nessa faixa, e que quase todo grande negócio já foi pequeno um dia. Por isso, as informações podem ser de grande utilidade para apreender e acompanhar o cenário dos empresários brasileiros – dos vencedores e dos sofredores.

Lição Express 5

Aprenda com quem já tem sucesso.

O conhecimento não se resume à escolaridade. Não é construído somente através de livros ou sala de aula. Conhecimento adquire-se também por meio das experiências. Entretanto, você não precisa esperar o tempo passar para viver todas as experiências, as tentativas, os sucessos e os fracassos para, enfim, acumular lições de vida. Você pode muito bem se antecipar, buscar a informação para se planejar e agir.

Além do consumo e processamento de informações, do estudo, como já discutimos acima, saiba que lições e *insights* podem vir dos casos de fracasso e sucesso que você conheceu ou ficou sabendo, dos bate-papos com outros empresários e até das reportagens e filmes a que você assiste.

Importantíssimo, também, é visitar empresários mais experientes e ouvir, seletivamente, o que eles têm a lhe dizer e ensinar. Você pode aprender com as experiências dos empresários vencedores. E, felizmente, empresários vencedores são pessoas de postura diferenciada, e a maioria é generosa, tende a compartilhar abertamente os seus conhecimentos porque deseja que o mundo à sua volta também prospere.

No caminho desta jornada de abrir uma empresa e ter sucesso com ela, o jovem empreendedor precisa aprender com quem já passou pelo processo. E para isso dar certo, aquele que se dispõe a aprender precisa ter uma postura humilde de saber ouvir e aplicar o que se orienta a fazer. Este é um problema que acompanhei com os novos empreendedores com ideias inovadoras. Ter criatividade e inovar, isso é muito bom! Mas não querer ouvir a voz da experiência, aí é um grande erro. Aí depois lamentam seus fracassos. Quando você ouve economiza uma etapa. Não precisar errar de novo onde outro já errou. E isso faz muita diferença e é muito importante em um novo negócio. As condições de empreender são cada vez mais desafiadoras em um cenário econômico cada vez mais inconstante. Errar menos é sinônimo de não perder dinheiro. Isso importa e muito!

Por isso escute o que aqueles que já viveram essa caminhada podem acrescentar a sua jornada. Vivemos um tempo de aprendizagem coletiva. Aprender com o outro é menos doloroso.

Dica: Em momentos de cansaço ou desânimo, conversar com gente estabelecida há mais tempo pode trazer ideias novas e renovar suas forças. Seria como uma boia para um náufrago.

Lição Express 6

Agora preste bastante atenção nesta dica, pois é onde tantos erram: na formação e remuneração da equipe. Mais do que ninguém, o novo empresário precisa contar com um grupo de profissionais comprometido com seus sonhos de crescimento, porque no início o negócio é apenas uma promessa. O empresário precisa conquistar pessoas que sonhem e trabalhem junto com ele.

"Quando se sonha sozinho é apenas um sonho. Quando se sonha junto é o começo da realidade", escreveu Miguel de Cervantes no século XVII para as aventuras de Dom Quixote de la Mancha, depois apropriada e popularizada nas músicas de John Lennon e Raul Seixas.

Em tempos desafiadores só se consegue crescer com ajuda de um time. No mundo empresarial isso é uma verdade contundente. Selecione bem seu pessoal, mesmo que conte apenas com poucos funcionários. Remunere de maneira justa, seja um líder respeitado e aprenda a delegar, pois vai precisar de ajuda, muita ajuda.

 Este tema de formação da equipe é um tema crucial, pois quando me encontro com empresários, novos e antigos em seus negócios, a reclamação costuma ser comum. Dificuldade de construir e manter uma boa equipe de trabalho. É um ponto importante, pois como o empresário, empreendedor, tem muitas tarefas a cumprir, é uma ansiedade que se encontre com que pode compartilhar os dilemas do dia a dia. Mas o que tenho observado é que essa dificuldade tem seus tempos de maturação. Um dos mentores que ouvi em meu caminho profissional me dizia: "Demora um tempo até construir uma equipe de bons colaboradores, mais ou menos uns três anos". Minha primeira reação foi ceticismo e agora, sendo sócia em duas empresas de diferentes ramos de atividade, eu constato que leva um tempo mesmo até encontrar o ajuste certo da equipe. E nesse meio-tempo é preciso ir acertando as arestas.

 Isso não quer dizer que temos que ficar parados no fatalismo. É só para que você, meu leitor, entenda que se você ainda está se debatendo com problemas com a equipe, deve estar nesse processo de amadurecimento.

 O professor Vicente Falconi, em seu livro *O verdadeiro poder*[14], nos fala que uma mudança de cultura em uma empresa com foco em excelência e qualidade leva de sete a dez anos para ser implantada em todos os colaboradores. Leva tempo! Isso não quer dizer que você esteja fazendo errado. É que mudança comportamental leva tempo, e até estabelecer essa cultura de sua empresa, o DNA dos seus valores no seu time de trabalho, você terá que aprender novas habilidades que quando era empregado não precisava exercer. Uma delas é a liderança.

 Liderança é um tema a que tenho me dedicado ao longo dos meus últimos vinte anos de carreira. E aprendi algo incontestável: um líder só se torna líder quanto ele valoriza o seu pessoal e reconhece os talentos da sua equipe.

 Isso é muito importante para os auxiliares que trabalham de fato, não para pessoas que desejam apenas "ter um emprego". E o empresário vencedor sempre quer ter a seu lado trabalhadores comprometidos. Aqueles que querem trabalhar e encontram um líder à sua frente prosperam com ele e, assim, até os clientes sentem que os empregados gostam do que fazem. Isso faz toda a diferença.

14. FALCONI, Vicente. *O verdadeiro poder*. Editora Falconi, 2013.

Aqui vale uma observação. Muitos empresários contam com o apoio da família nesse começo de negócios. Não, não estou falando do "apoio moral". Refiro-me ao trabalho mesmo, aos familiares que "pegam no batente" no novo negócio. Isso é muito válido se a família tem perfil de empreendedorismo e todos trabalham voltados para um mesmo objetivo.

Hoje é comum, por conta de uma recessão histórica no Brasil, como disse anteriormente, muitos profissionais que se viram desempregados irem atrás do caminho para abrir uma pequena empresa e assim garantir seu ganha-pão mensal. E nesse momento ele conta com a família, que não gera custos no início do negócio. Todo mundo muito entusiasmado vai trabalhando até começar a dar algum dinheiro. No começo, pode dar certo, sim, e muitos negócios de sucesso prosperaram assim. Mas cuidado: empresas familiares são em muitos casos solução e em outros potencializam problemas. Esse tema é muito polêmico e extenso para resumir em um parágrafo. Mas há palavras sábias nesse assunto: comece como puder, e se você tem mesmo um bom produto e/ou serviço vai conseguir viabilizar seu pequeno negócio. Estabeleça regras profissionais e tenha disciplina com isso. E busque como um hábito diário separar as coisas. Discussões familiares não devem prosperar no ambiente de trabalho e vice-versa. O negócio não é extensão dos cômodos de sua casa. E o mais importante: o caixa da empresa não é conta corrente pessoal e da família. Assuntos separados, grana separada, papéis separados. Grande desafio, mas possível de realizar.

Não contrate familiares por simplesmente serem da família.

Não torne o seu novo negócio uma forma de ajudar familiares a arrumar emprego. No começo de um novo negócio, pode, sim, ser uma saída. No Brasil, empresas familiares são uma realidade com um número expressivo [15].

Dica: Contratos precisam ser bem claros no começo das relações familiares e comerciais.

Primeiro, nem todos os que querem contribuir possuem perfil adequado para a função. Por isso é preciso tratar o negócio com todo o cuidado e profissionalizar desde o início as relações de trabalho e tudo o que envolve a gestão do negócio.

15. Segundo Carla Regina Nedel Rech, Ggerente da Unidade de Gestão de Pessoas do Sebrae Nacional, 90% das empresas no Brasil são familiares. RECH, Carla Regina Nedel. *Minha empresa é familiar, e agora?* 2016. Disponível em: <https://goo.gl/brb4s4>. Acesso em: 11 set. 2016.

Virei empresário, e agora?

Então, antes de "contratar" seu familiar é preciso avaliar seu perfil profissional e ter certeza de que está fazendo uma contratação certa. Para isso talvez precise de apoio técnico, e essa orientação é valiosa. Não adianta começar algo sem algum investimento até para construir uma equipe. Se, no caso, não tem como fazer isso e tiver que contar com a ajuda da família, é bom deixar claro que a postura precisa ser profissional. Saber separar as paixões e afetos. O empresário deve ser o líder e estabelecer uma hierarquia clara para o time e familiares. Não dá para deixar a "familiaridade" atrapalhar o convívio na empresa. Sei que falar é bem mais fácil que fazer. Mas esse é o norte a se seguir. O líder deve ser um modelo em sua postura e não um "chefe" de família em seu lugar de trabalho.

Tem uma máxima que aprendi observando inúmeros casos de empresas familiares que fracassaram justamente por empregar familiares não competentes para cargos de confiança: "Não empregue alguém que não poderá demitir". Essa frase é forte e muito verdadeira. Empregar um familiar só é válido se ele for reconhecidamente competente. Vi muitos empresários ricos fazerem seus filhos trabalharem em outras empresas e terem sucesso em suas carreiras antes de assumirem os negócios familiares. Isso se chama sabedoria empresarial.

Case

A culinarista Palmirinha Onofre é um belo exemplo de empreendedorismo. Em sua biografia A receita da minha vida (Editora Benvirá), lançada em 2011, ela conta sobre sua infância pobre em Bauru (interior de São Paulo), de como trabalhou como dama de companhia de uma francesa rica em São Paulo dos seis aos catorze anos para fugir da violência da mãe, da volta a Bauru e o casamento, aos dezenove anos, que marcou uma história de álcool, traições e abusos. Com a separação, ela ficou com três filhas para criar e precisou encarar todo tipo de trabalho, de faxina à lavagem de carros. Sua vida começou a mudar quando começou a fazer doces e salgadinhos em casa, vendendo-os na rua e em escritórios. Com o tempo, passou a receber encomendas para festas, e a vida das Onofre começou a melhorar.

A oportunidade de ficar conhecida aconteceu já na maturidade, quando foi convidada para participar de um programa da Silvia Popovic na TV Bandeirantes em que o tema era "Criei meus filhos sozinha". Sua história comoveu os telespectadores e logo depois, por indicação de Ana Maria Braga, ela passou a ter um quadro fixo de culinária no programa Note e Anote, onde fez sucesso. Posteriormente, ela transferiu-se para a TV Gazeta e lá permaneceu por onze anos no ar.

Em sua biografia, ela revela que nem tudo foram holofotes e sucesso, e nos conta vários revezes que precisou enfrentar em sua vida. É uma bela história de como ela foi encarando um a um esses desafios, e hoje, com mais de oitenta anos, Palmirinha segue em evidência como a culinarista mais famosa do Brasil, com um programa diário na TV a cabo[16].

Sua trajetória nos demonstra, sobretudo, que trabalhar duro, aproveitar os talentos naturais, agradar à clientela e saber aproveitar as oportunidades ainda são os ingredientes fundamentais para qualquer receita de sucesso, seja qual for a idade ou a área de atuação. Mesmo que você precise contar com a família nesse começo.

Este é apenas mais um exemplo a nos mostrar que o mundo responde bem para quem tem coragem de correr riscos e trabalha duro para minimizar perdas. Ninguém escapa aos obstáculos e perdas. Diante deles não se pode desanimar, e é preciso sabedoria para enfrentá-los. Falarei mais sobre isso nos próximos capítulos.

Desistir de um sonho para o qual você tem aptidão só atrasará sua vida, enterrando boas possibilidades de ganhos. Use seus talentos, lance mão de todos os recursos disponíveis para encantar seus clientes, não economize em detalhes.

Dizem que Deus e o demônio moram nos detalhes. Faça o que precisa ser feito, sem preguiça e/ou reclamações. Cuide, inclusive, dos pequenos detalhes. Com trabalho duro e um bom produto na mão, os resultados, no tempo certo, aparecerão. Mas lembre-se: no tempo certo, não no seu tempo!

---

16. Canal Bem Brasil, da FOX, às 22h.

2

Sofredor x Vencedor:
as frases e fases de cada tipo de empresário

Mas, afinal, qual é a diferença entre um novo empresário vencedor e um empresário sofredor? A resposta está no que eles falam para si mesmos e para os outros.

Se você possui um modelo mental que repele a prosperidade, é impossível ter sucesso. Há uma pobreza que permeia o empresário sofredor. Não estou me referindo ao valor da conta que tem no banco. Falo da pobreza no sentido figurado, da "pobreza de espírito", da falta de ambição perante a vida e todos os fatos que a definem. Essa pobreza de espírito pode habitar tanto pessoas de origem humilde quanto os nascidos em berço de ouro!

A questão aqui não é ser, a priori, vencedor ou sofredor no sentido financeiro, não estou falando simplesmente de ser rico ou pobre. A questão é, em primeiro lugar, pensar, sentir e agir como vencedor ou sofredor. Além de outros quesitos, é o tipo de postura, a mentalidade, o ingrediente fundamental para quem quer se tornar um empresário rico, ou pobre.

O novo empresário com o modelo mental do vencedor tenderá a ser rico, enquanto o novo empresário sofredor não verá o sucesso do seu negócio, mesmo trabalhando muito.

Lembre-se de que no primeiro capítulo nos perguntamos: "Por que alguns se saem tão bem e outros ficam atolados, como em um banco de areia movediça que só os leva, mais e mais, para baixo na escada da prosperidade?" Respondi que há um conjunto de pré-requisitos fundamentais capazes de garantir sucesso.

Pois bem, já discutimos vários deles: persistência, trabalhar muito, saber fazer negócio e não apenas venda, formar uma boa equipe, ser um líder, buscar conhecimento... Agora, finalmente, vamos tratar do requisito que não pode faltar – e que não se aprende no colégio: a "riqueza de espírito".

O que percebi em mais de duas décadas como *coaching* conhecendo empresários prósperos é que, mesmo diferentes quanto às origens, escolaridade, personalidade, talentos e trajetórias de negócio, todos eles possuem uma riqueza de espírito. Eis, enfim, o que diferencia os grandes empresários dos demais: o modelo mental!

Disse há pouco que a diferença entre o novo empresário vencedor e o sofredor está no que eles falam para si e para os outros. Isso mesmo, no que eles falam! Repetir um mantra encorajador em voz alta, por exemplo, é ouvir a sua própria voz e motivar a si mesmo. Você repete e, de tanto falar, começa a internalizar a ideia que está verbalizando. Quando se dá conta, a ideia já se materializou. Repetindo para si mesmo e acreditando de verdade, você externou isso pra todos e também se esforçou ao máximo para que a ideia se concretizasse.

Por mais livros de autoajuda que o novo empresário vencedor ou o sofredor possam ter lido, histórias que tenham ouvido, casos que tenham testemunhado, o que os define verdadeiramente são suas crenças e convicções mais profundas. Aquelas verdades que residem no âmago, a parte mais íntima e profunda de suas almas. Somente aqueles que sentem verdadeiramente essas convicções, que acreditam de fato no que estão fazendo é que são capazes de, naturalmente, transmitir essa energia para o outro, seja seu cliente ou funcionário.

O empresário que tem o modelo mental de vencedor, o pensamento rico, acaba fazendo as melhores escolhas, além de saber lidar com os percalços. O que chamamos de "intuição" acertada do empresário vencedor é apenas o reflexo do seu modelo mental. Eles possuem uma fé inabalável em seu futuro e uma visão empresarial aguçada.

Vamos ver um quadro comparativo onde ilustro as falas e posturas cotidianas desses dois perfis de empresários. Repare as diferenças de pensar e agir do empresário sofredor x empresário vencedor.

EMPRESÁRIO SOFREDOR	EMPRESÁRIO VENCEDOR
1. O empresário sofredor diz: "Nossa, você viu como foi fraco o movimento hoje? Não sei como manter esse negócio se as coisas continuarem desse jeito".	1. O empresário vencedor diz: "Nossa, o movimento está bem fraco estes dias. Precisamos criar algo novo e reverter essa situação. Temos que estudar mais os nossos concorrentes e vencer indo à frente deles".
2. O empresário sofredor vive apavorado com o futuro. Para ele, o futuro reserva dificuldades. Vive preocupado com o que virá e que não deve ser nada bom.	2. O empresário vencedor adora o futuro. Ele tem total certeza de que o futuro está a seu favor. Que o que possa acontecer nada mais é que uma oportunidade de novos ganhos.

3. O empresário sofredor diz: "Ser empresário é duro mesmo. Sabe quando eu posso tirar férias? Nunca! Trabalhar por conta própria é ser escravo de seu próprio negócio".

4. O empresário sofredor sente que vive ameaçado pelos concorrentes, é refém do medo. Teme ser enganado pelo fornecedor, ser passado para trás pelo sócio, pelos funcionários, tem medo que não sobre dinheiro suficiente no final do mês para pagar as contas, receia correr riscos e expandir. É um poço de receios. Ele dorme com medo e acorda com medo.

5. O empresário sofredor quer ter retorno rápido. Ele tem visão de curtíssimo prazo.

6. O empresário sofredor não sabe delegar. Não permite que ninguém faça, pois só ele sabe fazer melhor. Só que, assim, ele fica preso no operacional. E sempre quer pagar pouco para funcionários, optando por pessoal bem baratinho para não ter custos altos. Na verdade, não quer ter gente que seja melhor que ele.

7. O empresário sofredor quer ser rico no futuro. E costuma dizer "Se Deus me der esta chance..."

3. O empresário vencedor diz: "Adoro o meu negócio. "Eu me divirto muito fazendo o que faço e ainda ganho dinheiro com isso. E já estou de viagem marcada. Treinei uma pessoa para cuidar de tudo enquanto eu estiver fora. Vai ser ótimo tirar uns dias com a família".

4. O empresário vencedor adora ter concorrentes para poder testar seus recursos e estratégias e ganhar deles. Ele tem fé. Sabe que, de alguma forma, vai conseguir e vai realizar. Ele arrisca de modo intuitivo. Ele ouve as pessoas, mas segue sua intuição. Confia sem ser ingênuo. Mas se percebe que vão lhe puxar o tapete, ele se defende e é assertivo quando necessário.

5. O empresário vencedor sabe projetar e construir o retorno do investimento de maneira sustentável, levando em consideração valores para o curto, médio e o longo prazos. Ele vê longe.

6. O empresário vencedor escolhe bem o seu pessoal, buscando encontrar pessoas tão ou mais capazes que ele e que sejam leais. Ele conquista essa lealdade, e reconhece o valor dos funcionários. Começa fazendo quase tudo, mas logo consegue treinar pessoas para operar seu negócio, enquanto ele se preocupa mais com as estratégias.

7. O empresário vencedor já se sente rico. Ele só está esperando a hora certa de materializar toda esta visão que, para ele, é real.

8. O empresário sofredor ocupa a maior parte do seu tempo e do seu espaço mental com preocupações. Ele vê o empresário rico e pensa: "Este não tem problemas, é rico!" E não percebe que o rico também passou ou está passando pelos mesmos problemas que ele. A diferença entre ambos é a postura diante das dificuldades. Enquanto um desiste fácil, o outro se fortalece e prospera.	8. O empresário vencedor sabe que tem um caminho árduo pela frente e sofre dificuldades como todo mundo. Ele apenas não se deixa abater facilmente. Não perde tempo com medo e com preocupações (literalmente significa desgaste antes da hora). Tampouco especula sobre a vida de outros empresários, prefere gastar seu tempo focando-se no seu negócio. *Time is money!*
9. O empresário sofredor se pergunta "para que serve o dinheiro?" e diz: "dinheiro foi feito para gastar". Por isso, basta ter dinheiro em caixa que ele o gasta à toa, satisfazendo todos seus desejos de consumo.	9. Já o empresário vencedor gosta de dinheiro, de manuseá-lo, de vê-lo ir, e vir multiplicado. O que dá prazer para um negociante é ganhar o dinheiro. Para o empresário vencedor o dinheiro serve para fazer mais dinheiro. Gastá-lo é a segunda fase do seu prazer.
10. O empresário sofredor não costuma pensar em longo prazo. Gasta o que tem no dia de hoje. Acredita piamente no ditado: "Dia de muito, véspera de nada." Então, torra a "grana" enquanto a tem.	10. O empresário vencedor acredita no valor do seu negócio e no poder que o dinheiro confere. Assim, quando o dinheiro começa a aparecer, ele poupa para reinvestir no próprio negócio. Sabe se capitalizar e promover o crescimento do negócio com investimentos contínuos.

Se você se enxergou em vários dos exemplos da coluna esquerda – e caso queira realmente ter sucesso no seu negócio – você precisa se reinventar. Pare imediatamente e reflita para buscar uma transformação radical. Neste breve momento de desespero, te darei um auxílio com as primeiras questões que você deve fazer para si mesmo:

Quando acabou de ler o quadro e se enxergou nos exemplos de empresário sofredor, você se viu como um marinheiro fadado ao naufrágio? Pensou em desistir do seu negocio? Ou, pior, você concluiu: "Caramba, nunca vou ficar rico mesmo que mude de negócio, eu não nasci para ser empresário!"

QUE TAL UM EXERCÍCIO DE COACHING PARA AJUDAR VOCÊ, LEITOR, A BUSCAR NOVOS MODELOS MENTAIS:

Questionário básico: Pensamento de abundância X Pensamento limitador. Responda com toda sua honestidade.

1. Quanto tempo de seu dia você se preocupa com contas a pagar.
a) Menos de 30% do tempo de seu dia.
b) Mais de 50% do tempo.

2. Quando alguém propõe um problema você...
a) Compartilha a ideia de que realmente este é um problema.
b) Você pensa que o problema é um quebra-cabeça que será divertido resolver.

3. Quando você vê anúncios de viagens internacionais e hotéis de luxo você pensa...
a) Isso custa muito caro, não é para o meu "bico".
b) Se eu tiver uma chance de ir um dia bem que pode ser possível, sim!

4. Quando você olha um objeto de valor e de desejo seu primeiro pensamento é:
a) Eu não tenho dinheiro para isso, deixa para lá.
b) Eu um dia terei dinheiro para comprar isso e muito mais.

5. Diante do ditado popular "cada macaco no seu galho" como você se sente:
a) Considera que essa afirmação retrata a realidade da vida.
b) Não se conforma e acredita que os macacos podem pular de galhos, sim!

Se você teve mais de três escolhas na letra A você pode estar fixado em situações limitadoras X abertura para oportunidades na vida e nos negócios. É muito importante dirigir seus pensamentos e localizar a mente em um estado de ver na adversidade a chance para abrir um espaço para inovar e crescer, mesmo em um cenário de dificuldades. Comece a exercitar a abundância em sua vida. Permita-se realizar pequenas pílulas de sucesso para convencer seu cérebro de que você pode, sim. Por exemplo: economizar com disciplina vinte reais por semana e depois de alguns meses se dar de presente um belo jantar, ou uma viagem em um local onde você nunca imaginaria ir. E estando lá, registre para convencer a si mesmo de que você se levou até aquele estado de realização. É ter uma mente de prosperidade. No final das contas, quais as chances de um mente próspera gerar prosperidade? Com certeza maiores que a da mente que pensa que isso é complicado e que só serve para algumas pessoas de sorte.

O quadro comparativo apontou alguns exemplos cotidianos de pensamentos e falas de um e de outro empresário, mas temos casos que são exemplos vivos desse tipo de realidade.

Case

Conheço um empresário estrangeiro que, ao se mudar para o Brasil, começou seu negócio de venda de salgados com muito sacrifício. O seu produto era ótimo, e ele o vendia um pouco aqui, outro acolá, com toda dificuldade natural do começo de um negócio.

Certo dia, um amigo apresentou-o para o dono de uma tradicional e movimentada padaria num bairro nobre da cidade, abrindo-lhe a possibilidade de fechar uma grande venda. A acolhida lhe pareceu fria, e ele saiu de lá meio desanimado, sentindo que o seu produto não impressionara tanto. Contudo, naquela tarde ainda, o telefone tocou. Era o dono da padaria fazendo um pedido muito grande: quinhentos salgados para o dia seguinte.

Ele tinha isso em estoque? Não. Mas nem sequer piscou, aceitou a encomenda garantindo que entregaria na manhã seguinte, pontualmente às 9 horas, os quinhentos salgados. E assim foi. Ele pediu ajuda de amigos e parentes, passou a madrugada toda trabalhando e entregou seu produto na hora marcada. Esse novo cliente lhe garantiu um ano de pedidos.

Essa é a atitude do empresário vencedor. Ele não pensou duas vezes para responder sim quando, de fato, não tinha nada em mãos. Tinha só a certeza de que seu negócio não podia perder aquela chance, e precisava dar uma resposta em oito segundos. Hoje seus salgados continuam fazendo sucesso, abastecendo muitos comerciantes!

Essa tal diferença de espírito é observada nas posturas em relação ao dinheiro. E, em se tratando de negócios, meu (minha) caro (a), dinheiro é um assunto fundamental. Então, vamos praticar um exercício rápido capaz de revelar a diferença entre o futuro empresário vencedor ou sofredor, a resposta à pergunta básica:

Para que serve o dinheiro?

O empresário vencedor enxerga o dinheiro do lucro do caixa como necessário para o reinvestimento da empresa, sendo o pró-labore (o quanto ganha cada sócio-proprietário) variável, para mais ou para menos, conforme o andamento dos negócios. Na verdade, o empresário vencedor nem gosta de saber o quanto ganha. Para ele basta ter um valor aproximado do que fatura e do que põe no seu bolso.

Já o empresário sofredor não gosta dessa incerteza, não consegue viver com isso. Vamos ver um comparativo dos dois no seguinte exemplo: ambos têm um bar e no carnaval, com o aumento do movimento, o faturamento triplica. Como se porta cada um deles vendo essa entrada maior no caixa da empresa? O empresário sofredor quer sacar tudo do caixa, "fazer a retirada" e não deixar nada para a empresa. Sua resposta à pergunta inicial seria: "O dinheiro serve para pagar contar e me satisfazer. Deixar o lucro no caixa é um desperdício". O empresário vencedor, contudo, mantém a sua retirada média, aplicando o excedente como uma espécie de fundo de garantia do negócio em caso de crise futura ou, então, parte para comprar melhores equipamentos para a empresa. Ele responderia à pergunta inicial da seguinte forma: "Dinheiro tem que fazer dinheiro. Gastá-lo com assuntos pessoais em detrimento da empresa é dar um tiro no pé". O empresário vencedor entende que é preciso ter prazeres e que é merecedor disso, mas que tudo tem que ser na hora certa.

Vamos analisar um exemplo de dinheiro gasto na hora certa.

Duas pessoas jovens receberam um bom volume de dinheiro. A primeira correu para comprar um carro zero com esse montante. Passado um ano, o carro saiu de linha e, passados dois anos, ela vendeu-o por quarenta por cento do valor pago originalmente.

O segundo jovem usou o montante para investir e dar entrada em um apartamento que estava sendo vendido como negócio de ocasião e, imediatamente alugou o imóvel. Com parte do dinheiro do aluguel ele pagava as prestações restantes. E com a outra parte ele comprou um carro seminovo, parcelado em 24 vezes.

Oito anos depois, agora podemos juntar os pontos (como diz Steve Jobs) e ver que figura formaram ambas as pessoas: a que não soube gastar na hora certa está apenas com um carro seminovo e continua pagando aluguel. A que soube esperar um pouco e procurou investir bem, agora já possui dois apartamentos sendo um quitado, um carro zero, mora num dos apartamentos e viaja anualmente com o dinheiro ganho do aluguel do outro.

O empresário sofredor não entende que existe uma hora certa para se gastar com prazeres. Ele conta dinheiro, com foco no presente, sem enxergar o cenário maior no futuro. Não consegue juntar as peças do quebra-cabeça. Não consegue dimensionar concretamente elementos fundamentais ao seu negócio, tais como comunicação, propaganda, pesquisa de mercado futuro, análise da concorrência e oportunidade. Ele nem acredita muitas vezes que pode investir nesses elementos-chave para o sucesso de um negócio, e que o dinheiro gasto nisso seja bem gasto.

O empresário vencedor entende de *timing*, ou seja, ele tem a habilidade de primeiro enxergar e, assim, fazer determinada coisa no momento mais oportuno. Usa o dinheiro com sabedoria orientando-se por um planejamento financeiro. Ele é capaz de enxergar o quebra-cabeça, faz seus negócios "de porteira fechada", pensa no todo integrado sem se preocupar demais com pequenos detalhes.

3

Os casos da pamonha e do pão de queijo

Pamonhas, pamonhas, pamonhas
Pamonhas de Piracicaba
É o puro creme do milho verde
Venham experimentar estas delícias...

Quem conhece não se esquece deste bordão que é quase um *jingle*[17]. É um som inesquecível que já faz parte do inconsciente coletivo, da cultura popular do interior de São Paulo. Esse som sai de um carro, costumeiramente meio caindo aos pedaços, com um enorme alto-falante que fica rodando pelas ruas da cidade – eles agora avançaram até para bairros periféricos da capital paulista.

Vamos falar de um caso hipotético, mas muito comum. Ao final do dia, um motorista/vendedor volta para casa sentindo-se satisfeito com a quantidade de pamonhas que vendeu. Esforçou-se e foi bem-sucedido naquele expediente. Depois de fazer o balanço, conclui para a esposa: "Deu para ganhar um dinheiro bom. Vamos ver se amanhã será melhor!"

Na verdade, esse motorista/vendedor é um microempresário começando o seu negócio de venda de deliciosas pamonhas, só que ele próprio não sabe disso. Se lhe perguntarmos qual o seu sonho profissional, ele certamente responderá que é ter um emprego com carteira assinada. Em seu íntimo, ele se sente um desempregado fazendo isso como um "bico". Sua maior esperança é encontrar neste meio de caminho um empresário vencedor, rico e bem-sucedido, que possa lhe oferecer uma oportunidade e, aí sim, sua vida irá melhorar.

Essa é praticamente a história de todo vendedor ambulante, e também foi o início das autênticas "pamonhas, pamonhas fresquinhas". Em 1953, em Piracicaba, interior de São Paulo, dona Vasty Rodrigues estava passando por dificuldades financeiras e começou a fazer pamonhas para vender. Deu certo, seu marido largou o emprego para auxiliá-la e, dois anos depois, sua irmã também abria uma fábrica de pamonha. Cada uma fabricava cinco mil pamonhas por dia. Rapidamente, não só

---

[17]. O termo em inglês *jingle* se refere à mensagem publicitária musicada elaborada a partir de um refrão simples e de curta duração para que seja facilmente memorizada e inconscientemente recordada por quem a ouve.

os familiares entraram no negócio como também outras pessoas passaram a comprar o produto para revender.

Dirceu Bigelli, já falecido, foi um desses vendedores de rua na década de 70. Seus colegas se recordam que era um grande negociante, vendia mais que todos os outros. Ele chegou a formar uma pequena frota, de kombis e brasílias, para percorrer Piracicaba. Para vender as pamonhas, em vez de abordar um a um, ele saía gritando a plenos pulmões: "Pamonhas, pamonhas, pamonhas. Pamonhas de Piracicaba, puro creme do milho", e fazia sucesso. O negociante fez um *jingle* que gruda feito chiclete.

Para poupar a voz, Bigelli gravou o anúncio em fita cassete. E foi assim que o *jingle* se espalhou dentre os vendedores paulistas. Hoje, até mesmo no Nordeste é possível ouvir a voz de Bigelli anunciando pamonhas fresquinhas. As pamonhas não são de Piracicaba, mas o bordão é o autêntico.

— ∞ —

As irmãs Rodrigues atravessaram décadas com suas fábricas de doce de milho. E tiveram como parceiros muitos vendedores de rua, os quais, entretanto, deixaram de lado esse negócio tão logo conseguiram um emprego. Ainda que estivessem obtendo lucro, muitos vendedores de pamonha viam essa condição apenas como um "bico" passageiro. Na verdade, nunca se viram na condição de empresários potencialmente vencedores.

Nesta categoria se enquadram muitos novos empresários – micro e pequenos – que não conseguem enxergar as situações, às vezes aparentemente desastrosas, como portas para um futuro diferente e cheio de perspectivas. Almejam ter uma nova condição de vida, sim, porém não entendem que essa situação ocorre por meio de etapas e conquistas dia a dia, e não por uma intervenção divina que, da noite para o dia, fará tudo prosperar.

Na verdade, esses negociantes não conhecem de antemão que etapas são essas que ainda deverão atravessar. Quando se deparam com elas, veem-nas como obstáculos que alguém precisa ajudá-los a ultrapassar. São incapazes de perceber que são eles próprios a fonte de toda a mudança, precisam se dispor a mudar para chegar a um novo lugar na vida e no mundo.

Já para aqueles que sabem aonde querem chegar, o caminho é mais claro. Não digo que seja mais fácil percorrê-lo, é apenas mais definido. Esta é uma postura típica dos empresários vencedores, eles não se limitam a se prender nas pequenas coisas. Têm o olhar voltado para o horizonte e, como sabemos, o horizonte é infinito.

Esse é bem o caso da Casa do Pão de Queijo.

A história começou com o incentivo de Belarmino Iglesias, dono do tradicional restaurante Rubayat, que hoje, além dos endereços em São Paulo, está em mais quatro países. Na casa do engenheiro Mario Carneiro, mineiro de Uberlândia, ele provou os deliciosos pães de queijo de D. Arthêmia, mãe de Mario, e acabou convencendo-os a abastecerem seu badalado restaurante na capital[18].

Em 1967, Carneiro abriu a primeira Casa do Pão de Queijo, na rua Aurora, no centro de São Paulo. A empresa familiar se utilizava da receita de D. Arthêmia, de forma bastante artesanal, e já em seu primeiro dia de funcionamento a loja vendeu dois mil pães de queijo. Em seis meses, a empresa difundiu essa iguaria entre os paulistanos. Um sucesso e tanto[19]!

Percebe-se que entre os vários ingredientes que os fundadores da Casa do Pão de Queijo tinham na sua receita de sucesso está o empreendedorismo. Empreender é, sobretudo, ter aquele tino para os negócios. É se arriscar para o novo, é se diferenciar no mercado. O pão de queijo não era apenas mais uma opção para o lanche corrido dos paulistanos. Era uma alternativa diferente, simplesmente deliciosa e irresistível para o *break*.

Em 1983, pensando em voos mais altos, a Casa do Pão de Queijo construiu sua primeira fábrica. Em 1988, já com treze lojas, a empresa passou para um novo modelo de atuação, as franquias. A essa altura, surgiam promessas de oportunidades e haveria dificuldades em gerenciar? Segundo conta Alberto Carneiro Neto, filho do fundador e atual presidente e sócio do grupo. Na época estava nascendo o mercado de franquias alimentícias no Brasil. Era também uma oportunidade de expandir. E expandiu! Em shoppings centers e vendas em hipermercados. "Oportunidades viriam, mas não teriam capital para fazer esse crescimento e certamente nem teriam capacidade gerencial para estar em tantos lugares ao mesmo tempo. Então a proposta de franquia se encaixou perfeitamente para a Casa do Pão de Queijo se expandir por meio de franquia[20]."

Em 2000, a Casa do Pão de Queijo tinha duzentas lojas franqueadas e começou a construção de uma fábrica modelo, em Itupeva, interior de São Paulo. Em 2008, já eram mil lojas. Apostando em um projeto de crescimento, em 2009 venderam parte da empresa e, anos mais tarde, com-

---
18. Britto, Francisco; House, Richard; Carvalho, Fernanda. *Marca, imagem, reputação: A trajetória de sucesso de pessoas e empresas.* São Paulo: Editora da Boa Prosa, 2012.
19. A história da casa do pão de queijo pode ser consultada no sítio virtual da empresa.
20. Alberto Carneiro em entrevista para o canal Sua Franquia TV. Disponível em: https://goo.gl/jn88i6

Virei empresário, e agora?

praram-na novamente. Recentemente a empresa expandiu sua atuação e passou a produzir bolos de chocolate e panetones.

Ou seja, partindo de uma receita familiar, com o incentivo de amigos do ramo gastronômico, a Casa do Pão de Queijo transformou-se no Grupo CPQ Brasil, uma das maiores franquias e líder no mercado de cafeterias do Brasil. E não para de crescer.

Esses empresários apostaram desde o início no seu negócio. Em certo momento, perceberam que haveria oportunidades e fizeram um planejamento estratégico para o crescimento. O franqueamento surgiu como opção porque eles estavam atentos e abertos para a prosperidade. Não ficaram esperando a oportunidade cair do céu!

Mas será que eles não passaram por nenhuma dificuldade nesse percurso? Devem ter passado, claro. Nenhum caminho é feito apenas de glórias e ganhos financeiros.

Alberto Carneiro conta que, em 1988, quando eles acreditavam estar firmes, passaram por uma grande crise. Diante disso, estudaram as condições e redefiniram estratégias futuras. Foi nessa época que a empresa adotou uma identidade visual e passou a estampar a imagem da Vovó no logotipo, usada até hoje e conhecida nacionalmente. Um exemplo daquilo que eu disse anteriormente: eles souberam olhar e enfrentar um obstáculo como porta para mudanças e novas perspectivas.

Conhecendo histórias de sucesso como esta, nossa tendência é ver apenas os resultados e invejar os seus protagonistas. Não temos noção de todo o percurso trilhado, as pedras que eles encontraram no caminho e os sacrifícios que precisaram fazer para superá-las. Falemos, então, dos tropeços que todo empresário pode levar.

4

As provas do caminho: como ultrapassá-las?

O caminho do empreendedorismo não é, de fato, tão suave como muitos gostariam. Esta trajetória implica uma série de etapas, verdadeiras provas pelas quais o candidato a empresário vencedor precisa passar... E superar! Esses obstáculos não são tão bem definidos e a coisa não funciona como na escola, onde basta ser aplicado, e estudar, para passar nas provas. Você, provavelmente, conhece exemplos de excelentes alunos que têm sucesso acadêmico, mas acabam fracassando no mundo empresarial. Como eu já disse, o sucesso não é só uma questão de conhecimento formal. É questão de sabedoria.

As pedras no caminho começam com pequenos dilemas que exigem muita sabedoria para avançar. São momentos em que é preciso usar habilidades ligadas mais ao campo emocional, e que são muito importantes no mundo corporativo. É justamente neste tema que eu venho auxiliando, há anos, empresários a caminharem. E agora vou poder ajudar você a refletir e a enfrentar o caminho das pedras.

As provas são etapas terríveis que o dono do negócio enfrenta. São aqueles momentos em que ele se questiona: "E agora, o que eu faço?"; "será que tudo isso vale a pena?", "devo mesmo insistir no negócio?" Ou suspira: "onde fui me meter?". Os dilemas, definitivamente, são os divisores de águas do empreendimento, eles podem mudar o curso das coisas. A decisão perante os dilemas do empreendimento é o que poderá determinar, mais a frente, o encontro com o sucesso. Ou com o fracasso.

Quem é motorista deve se lembrar bem da sensação de estar dirigindo para um lugar desconhecido. Olhos e ouvidos ficam atentos ao trânsito, aos pedestres, aos sinais, ao barulho – instintivamente, costumamos até baixar o volume do rádio, pois qualquer intervenção parece atrapalhar o cérebro. Invariavelmente, nos deparamos com um cruzamento e, numa fração de segundo, temos que decidir, sem ter certeza, sobre qual caminho tomar para chegar ao destino a tempo e com segurança.

A angústia, o medo, a insegurança são sentimentos comuns durante os dilemas. Como você se comporta durante as crises, é capaz de enxergar a luz no fim do túnel e caminhar rumo a ela? Age como um vencedor ou um sofredor?

Virei empresário, e agora?

Bem, você já entendeu qual o peso dessas provas; o pensamento e a ação para enfrentá-las podem ser simplesmente decisivos para o desenvolvimento e sucesso do negócio. Mas também não é preciso fazer todo esse drama! Porque elas são muitíssimo comuns e isso tem um lado positivo. Primeiro, acalenta saber que você não é o único empresário da Terra a passar por isso, não é um azarado, tampouco o universo está conspirando contra você. Porém, o interessante é que, sabendo de antemão – olha aí a importância do conhecimento – não somos pegos de surpresa.

Por isso, resolvi indicar, uma a uma, as pedras mais comuns em nosso caminho de empreendedor. Mais que isso, veremos como os empresários vencedores costumam agir quando nelas tropeçam.

1ª Prova – Coragem de tomar decisões

Uma das primeiras provas que todo empreendedor precisa passar é tomar decisões praticamente no escuro. No campo dos negócios, é muito raro ter as opções (com suas eventuais consequências) absolutamente claras e bem definidas pela frente. Por mais que um empreendedor pesquise e tente se garantir ao máximo, tudo o que ele tem são suposições. E ele precisa decidir se vai ou não fazer suas apostas apenas com base nisso.

A coragem é uma das qualidades mais valorizadas no meio corporativo. Mas, para o empresário que quer sair de um estado de poucos recursos para a prosperidade, ela é, simplesmente, primordial!

Quero deixar bem claro aqui: quando me refiro à coragem, não estou de maneira alguma ligando esse sentimento à ausência de medo. Pelo contrário, coragem é avançar mesmo morrendo de medo.

Ministro treinamento para profissionais – homens e mulheres – de todas as idades, o que inclui jovens líderes e líderes não tão jovens e, na maior parte das vezes, monto meus cursos para atender ao principal pedido de seus gestores: ensinar esses líderes a tomar decisões. A queixa mais frequente dos superiores hierárquicos é: "Eles pedem que eu (gerente ou diretor) valide tudo. Será que eles não podem ter iniciativa ou proatividade?"

O resultado são caixas de entrada de e-mails lotadas! Um número enorme de e-mails circulando dentro das corporações, com cópias para um número enorme de pessoas, sendo que a maior parte apenas busca a autorização do gestor, mesmo para uma ação óbvia e simples a ser feita na empresa. Isso revela insegurança, receio de tomar decisões e medo de arcar com as suas consequências. Afinal, decidir é agir sabendo-se responsável pelo futuro – sucesso, em caso de decisão acertada; ou ônus, quando a decisão se revela errada.

Certa vez, um gestor X contou-me que seu funcionário Y pediu para um fornecedor enviar um documento fiscal, para dar prosseguimento a um processo rotineiro de compra. Ocorre que, à época, na empresa fornecedora, o funcionário responsável pela liberação estava em férias e quem o estava substituindo atendeu assim: "Ah, o fulano não deixou nada escrito falando para eu emitir este documento, e sem o aval dele eu não vou fazer nada". Resultado: tudo ficou parado até o tal fulano voltar das férias.

Agora imagine se um profissional como esse – que não se compromete com uma decisão tão básica como encaminhar um documento para um cliente que quer comprar o seu produto – sonhar ser um empresário? Com esse perfil não daria certo, não é mesmo?

Muro das lamentações
Entretanto, há muitos funcionários como esse – os quais, cá entre nós, nem poderiam ser chamados de "funcionários", pois eles não "funcionam: não assumem riscos nem se comprometem com o que fazem – e quando perguntados sobre seus planos futuros, costumam responder sem pestanejar: "Quero ter meu próprio negócio e conquistar minha independência financeira".

É triste ouvir isso porque jamais dariam certo! É o típico perfil de quem, ao se aventurar num negócio próprio e não prosperar, engrossará as fileiras daqueles que justificam o fracasso jogando a culpa no governo, nos impostos, no momento econômico, na falta de sorte, no "olho gordo" de algum amigo e daí em diante. Simplesmente esse tipo de profissional não consegue reconhecer nas suas próprias atitudes o motivo do fracasso.

Ter coragem implica avançar mesmo com medo de errar e "quebrar a cara".
Certa vez, um alto executivo contou que, em dado momento de sua vida, precisava decidir se expandia seus negócios ou não. E ele estava sem capital nenhum. Ele pensou, pensou, depois foi até a sua mãe e perguntou: "Mãe, você me deixa empenhar a casa para garantir o futuro de nossa família?"

Não, não era um jogo hipotético aplicado à mãe. Ele não estava sondando a opinião dela sobre o risco de perder o que tinha para tentar ganhar mais. Quando fez a pergunta à sua mãe, ele estava literalmente pedindo a ela o capital que necessitava para investir. E assim foi. Ao final, ele teve sucesso em sua empreitada e hoje é um nome muito respeitado no mundo corporativo. Tanto que esse caso foi contado em sua palestra sobre como crescer no mundo empresarial.

"Mas ele podia ter perdido a casa da própria mãe!" é o que diria, chocado ao ouvir a história acima, um empresário sofredor, sempre com os

Virei empresário, e agora?

pensamentos apostando no pior. Acontece que, na cabeça daquele brilhante empresário, com sua mente vencedora, essa opção simplesmente não existia. E, de fato, nada de ruim aconteceu. Muito provavelmente porque ele tinha fé na sua intuição. Coragem implica ousadia, sim, e com uma determinação avassaladora. Sem chance para derrota. Sem chance para sofrer. Outra dia ouvi de outro empresário vencedor: "Perder nos negócios não é uma opção". Isso é que é fé em si!

Um comportamento como esse pode até ser encarado como arrogância, mas não é. É uma capacidade visionária que permite ao empresário vencedor ter a certeza do que virá pela frente. Ele sabe que tem os ingredientes certos e que, se misturá-los de forma hábil, vai dar tudo certo. E ponto.

Então, a primeira etapa do caminho é ter coragem e tomar decisões. Se errar, cabeça no lugar, corrigir e seguir em frente, sem dramatizar. Sem "mi-mi-mi", sem perder tempo com lamentações. E, se alguns "urubulinos" (aqueles agourentos que adoram falar negatividades sobre o seu negócio) se aproximarem para sussurrar que cenários nefastos virão pela frente, o empresário vencedor simplesmente os ignorará. Seguirá confiante porque sabe o que está fazendo com seu negócio – e, não menos importante, sabe diferenciar informação de pessimismo.

Não se iluda achando que o empresário vencedor não fica noites sem dormir. Não pense que a empreitada não implica muitas preocupações. Não pense que a jornada ocorre sem estresse. Mas tudo isso o empresário vencedor supera pela confiança no caminho e, com o passar do tempo, os frutos vão chegando e confirmando aquilo que ele já antevia em seu horizonte.

Ele crê para ver, não o contrário. E muitos querem ver para crer. É nesta prova que muitos ficam no caminho. Não passam no básico. Positivismo é fundamental!

2ª Prova – Tome uma atitude

O empresário vencedor, assim que toma decisão, aplica rapidamente o que decidiu sem titubear. Ele sabe fazer dinheiro no tempo que lhe é destinado e age com firmeza. Seu lema é: "Se é para fazer, então façamos já". Isso não quer dizer que ele seja impulsivo, muito pelo contrário. Primeiro, ele estuda o cenário e todas as variáveis e, quando se decide, apoia-se também na intuição para tomar e realizar as decisões.

Para escrever o livro *Sonho grande* (Editora Sextante, 2013), a jornalista Cristiane Correa entrevistou mais de cem pessoas de vários países, incluindo pesos-pesados do mundo dos negócios. Um deles foi o suíço-brasileiro Jorge Paulo Lemann, um dos fundadores da AmBev, que figurou entre os sessenta mais poderosos do Brasil no portal IG (2013) e foi o primeiro nome na lista dos bilionários brasileiros (FORBES, 2015 e 2016).

Sou testemunha, em meu cotidiano como *coaching*, do dilema de inúmeros homens e mulheres de negócios para tomar uma atitude. Infelizmente, percebo como esse tempo de espera e indefinições atrapalha o avanço profissional de muitos desses líderes.

Planejar é muito importante, pensar bem antes de avançar também. Mas há situações onde é preciso agir e rápido, sem vacilar. O tempo já sinaliza que as mudanças devem acontecer e é agora.

Como isso afeta diretamente o empresário vencedor e o empresário sofredor?

O empresário sofredor pensa: "Vamos esperar mais um pouco para investir em marketing. Vamos aguardar o mercado melhorar para adquirir uma nova cozinha industrial. Vamos esperar mais um pouco para contratar mais pessoal". Enquanto isso, o tempo passa e as coisas vão só piorando. Ele acaba perdendo o *timing*. Chega uma hora em que nem fazendo promoção ele consegue vender seus produtos.

Tome a decisão enquanto é tempo!

O momento certo passa e a oportunidade chega para aquele que está pronto para ela.

Por outro lado, o empresário vencedor assim vê a situação: "Mesmo sem dinheiro, vou dar um jeito e contratar uma ação de marketing, pois sem publicidade como serei visto pelos potenciais consumidores?" Ele contrata, muda de espaço quando ainda nem tem tantos pedidos assim, e vai se preparando para a hora do sucesso. Tal qual o ensinamento que aprendi ao assistir o filme Sob o sol da Toscana[21]. Na cena, a personagem principal se sente desesperada e desanimada com suas escolhas na vida. Ela tinha acabado de se divorciar, se sentia sozinha e com uma decisão inesperada até para ela, ao estar em uma viagem para Toscana na Itália, ela compra uma casa que precisa de reformas. Ela começa esse processo de reformar a casa antiga e se depara com muitos obstáculos. Diferenças culturais (ela, americana, contrata funcionários do leste europeu) de idioma e os mais variados contratempos. Um dia, ao encontrar uma cobra no quar-

---

21. *Sob o sol da Toscana* (Under the Tuscan sun, EUA, 2003), comédia romântica escrita, produzida e dirigida por Audrey Wells e estrelado por Diane Lane.

to, ela chama o administrador que a encontra desesperada e chorando. Após procurar a cobra e acalmá-la, o administrador sabiamente lhe pergunta o que ela quer da vida, afinal? E ela conta que quer uma casa cheia de pessoas, para quem ela possa cozinhar, que ali haja um lindo casamento e que cresça uma família. Então ele a olha e diz: "Entre a Áustria e a Itália, há uma parte dos Alpes chamada Semmering. É uma parte incrivelmente difícil de subir, no alto das montanhas. Eles construíram um trilho nesses Alpes para ligar Viena a Veneza, mesmo antes de existir um trem que pudesse fazer a viagem". O que ele queria dizer é que ela deveria ter fé, que tudo aquilo iria passar, e um dia ela entenderia que precisou "assentar os trilhos" muito antes de terem trens para transitar neles. Para bom entendedor, boas cenas de filmes bastam. É assim mesmo que acontece.

O empresário disposto a vencer vai assentando os trilhos, mesmo que ainda não exista nenhuma linha de trem passando por ali. Ele o faz porque tem certeza de que, em breve, o trem irá passar.

Em suma, o empresário vencedor age! Por isso gosto tanto do slogan da Nike: Just do it. Simplesmente faça!

3ª Prova – Encare o fracasso sem se abater demais

O empresário vencedor fracassa?

É claro que fracassa. Só que ele não fica paralisado no problema e parte logo para buscar uma solução. Ele encara as adversidades como mais um teste para provar suas habilidades de inteligência emocional e perseverança.

Há casos e mais casos de novos homens de negócio no Brasil – e no mundo – que fracassaram em seus primeiros empreendimentos, todavia não desistiram. Fizeram daquela experiência uma forma de aprendizado doloroso, mas vantajoso para, assim, não errar na próxima vez.

Tenho um exemplo bem próximo que me inspirou e me inspira até hoje: meu pai. Ele, sem estudo nenhum, sempre teve um dom comercial e se fez sozinho. Era um autodidata. Cresceu no interior, "filho de uma lavadeira", como costumava dizer. Sua avó, espanhola, imigrante muito pobre que veio durante a Primeira Guerra Mundial, ensinou-lhe algumas palavras do catalão. Órfão de pai quando ainda era menino, foi um trabalhador incansável e um sobrevivente.

Pensa que ele foi empregado por muito tempo? Que nada, logo meu pai quis abrir seu próprio negócio. Passou por alguns fracassos antes de encontrar os sócios certos e fundar a sua consultoria tributária. Ao final da vida, tinha acumulado um patrimônio considerável, feito algumas viagens pela Europa (conheceu Espanha e França), embarcado num cruzeiro pelo Mediterrâneo e se dizia um homem realizado. Falava-me: "Filha, para um menino que nasceu tão pobre e que mal tinha o que vestir, acho que me dei bem: hoje sou consultor tributário de grandes empresas".

Outra lição que ele ditava era a seguinte: "Não reclame do governo. Eu já passei pelo Getúlio, pela Ditadura Militar, planos econômicos – os mais variados – e estou aqui firme e forte. Eu e os meus sócios conseguimos crescer, apesar dos governos. Faça a sua parte!" Lembra que já falamos sobre o "muro das lamentações"? Pois bem, além de não ficar se lamentando, não procure um bode expiatório; não fique caçando culpados alheios para os tropeços. No fundo, era sobre isso que meu pai dizia. É muito confortável ter algo ou alguém a quem imputar a responsabilidade do erro; é consolador, por isso cuidado, você pode acabar se apegando a isso.

É importante reconhecer os erros, sobretudo os próprios. É normal ficar chateado, mas não se demore nisso. Siga em frente e carregue a lição aprendida.

Meu pai nunca se sentiu melhor ou pior que ninguém, mesmo quando estava junto a dirigentes de renome, com estudos e trajetórias brilhantes. Também aprendi muito com essa sua postura positiva. Afinal, o fracasso pode acontecer com qualquer um, e tem grandes chances de ocorrer. Já parou pra pensar que o diferencial dos empresários vencedores pode ser o modo como eles o enfrentam? Assim sendo, o que define e diferencia o empresário vencedor é a postura que ele adota nos momentos difíceis.

Lá vai mais uma expressão norte-americana que adoro: *keep going!* Continue andando. Atitude positiva, sempre. O que não é sinônimo de ingenuidade ou acreditar no mundo de Alice no País das Maravilhas. É saber que, apesar dos infortúnios, o bom senso e a capacidade para reverter a realidade a seu favor podem e devem prevalecer aos problemas.

4ª Prova – Não se encante tanto com o seu sucesso

Aqui vai um ponto interessante. Ser dono e condutor de seu próprio negócio, ter sucesso, grana, ir conquistando cada coisa que um dia sonhou poderá levá-lo a uma grande prova: a do orgulho.

Cuidado, viu? Convenhamos que você trabalhou muito, que tem se superado em testes bastante difíceis, que é positivo, assertivo, autoafirmativo o tempo todo, porém não se vanglorie demais pelo que conquistou. Lembre-se de que ninguém faz nada sozinho e que a soma do esforço de toda a equipe, cada qual com suas capacidades, é que traz os melhores resultados.

Somente aqueles verdadeiramente grandiosos de espírito sabem compartilhar seus triunfos. São humildes, sabem ter empatia e são gentis, amáveis. Tratam a todos com educação, consideração, simpatia, interessam-se verdadeiramente pelos outros.

Vejo alguns, sejam nascidos em berço de ouro ou emergentes, cometendo muitas gafes. São rudes com garçons, atendentes e prestadores de serviços de diferentes naturezas, gritam para serem atendidos, ostentam sem precisar, esquecem-se de que um dia também estiveram na pior, precisando de ajuda e consideração, ou se nunca estiveram, parece que desconhecem que as coisas podem mudar e que o sucesso e o dinheiro, assim como vem, pode ir com o primeiro vento.

O empresário verdadeiramente vencedor já é rico espiritual e materialmente, não precisa "parecer rico". Não precisa parecer ser, ele simplesmente é. O empresário vencedor não precisa ostentar, tampouco desprezar ou inferiorizar os outros.

O empresário sofredor, mesmo quando quer parecer vencedor, deixa transparecer que, por dentro, não deixou de ser um sofredor. Pouco tempo ao lado dele e já percebemos que ele continua carecendo da mente e da postura positivas, da proatividade, da sabedoria, da humildade e generosidade com aqueles que o cercam e contribuem para seu sucesso, atitudes naturais do empresário vencedor.

Não adianta querer parecer algo; forjar-se de fora para dentro. Mesmo quando consegue alavancar alguma grana, você não muda se não

Cuidado com o seu ego, ele pode te atrapalhar

Exatamente neste ponto em que o empresário sofredor começa a ganhar um pouco mais é que ele se perde: ou vai se tornando avarento, ou então esbanjador. É preciso saber lidar com o dinheiro. Nunca me esqueci de uma frase que minha avó sempre repetia: "Dinheiro não aceita desaforo!".

O empresário sofredor, depois de passar por tantas dificuldades, quando se vê mais abonado logo pensa em gastar e a buscar parecer rico. Não anda mais de transporte público, adquire carros caríssimos, começa a gastar demasiado com roupas, viagens e... quebra! O mercado está cheio desse tipo de história.

Outro detalhe importante mediante o sucesso: nem sempre a fama combina com a riqueza. Fama é para artistas de TV e não para empresários que precisam voltar toda a sua energia para o futuro do seu negócio.

Considere o fato de que sua riqueza está sendo construída com o apoio de muitos ao seu redor. Seja grato. Reconheça seus funcionários e saiba compartilhar ganhos de maneira justa.

Uma vez, eu disse para um empresário que queria muito que o meu vendedor ganhasse mais que eu. Afinal, se ele estava vendendo muito e tendo um valor de comissão alto é porque estava trazendo mais e mais negócios para minha empresa. O empresário não concordou comigo. Disse que, na sua empresa, quando o vendedor começa a ganhar "demais", ele dá um jeito de mudar as regras e confundi-lo, tudo para diminuir a comissão do funcionário. "Nunca um vendedor pode chegar a ganhar tanta grana assim", eis a sua filosofia torta.

Na verdade, esse nem é um pensamento de um empresário sofredor, é pensamento de modelo mental onde se quer a riqueza individual e não coletiva. E o que costuma acontecer com esse tipo de "empresário" é que, a certa altura, os vendedores percebem a "jogada" e vão para o concorrente, levando consigo a carteira de clientes e o desprezo pessoal e profissional por esse empresário.

Pensamento pequeno, avarento. Gente assim não tem cabeça de milhões, tem cabeça de centavos.

Nunca me esqueço do conselho que ganhei certa vez de um verdadeiro homem de negócios com a mente de vencedor. Ele dizia: "Beth, deixa o vendedor ganhar o justo sobre o que ele trouxer para você, afinal do 'couro sai a correia'. É assim que se expande, remunerando de forma justa aquele que te traz novos clientes e negócios. Assim todos ganham". Um empresário vencedor prospera, obtém lucro e enriquece respeitando e reconhecendo as pessoas que o cercam.

Seja líder sem ser autoritário.

Seja generoso sem ser esbanjador!

Você precisa ser admirado por aqueles que estão ao seu redor, senão a roda da fortuna não gira para o seu lado.

pensar e agir diferente, o empresário sofredor nunca se tornará um empresário vencedor, se não mudar o que ele tem como crenças internas.

5ª Prova – Esteja preparado para andar na montanha-russa

Responda sinceramente: qual é o brinquedo mais interessante do parque de diversões para você?

A resposta é muito importante quando pensamos em quantas emoções você vai encarar na vida de empresário. E o quanto vai querer suportar. Porque serão muitas!

Num parque existem opções de brinquedos mais tranquilos – ou mais previsíveis – como acertar no alvo para ganhar o ursinho, ou o carrinho bate-bate, que o leva a se jogar no carro do outro, sentir alguns solavancos, mas nada tão radical.

Contudo, onde se formam as maiores filas? Os brinquedos mais concorridos são aqueles que oferecem emoções mais violentas, como a montanha-russa. Tem gente que não abre mão de dar pelo menos uma volta nela. Gostam do movimento vagaroso inicial, de acompanhar a máquina ir pegando o embalo para encarar a subida até que, de repente, os carrinhos começam a despencar lá de cima com toda a velocidade, provocando suor, arrepio e até gritos de pavor impossíveis de serem contidos. E quando o carrinho chega lá embaixo, começa tudo de novo: o manso caminho inicial, depois a subida com todo aquele vento no rosto e, de novo, um despencar avassalador. Só que, na segunda volta a pessoa já sabe o que enfrentará, o que a deixa mais tensa ainda, mesmo que se tente convencer de que já conhece o percurso da máquina.

Assim parece a vida do novo empresário. Tem períodos bons e tranquilos, dias em que ele se sente no embalo para decolar, mas existem as fases de descida rápida e vertiginosa, exigindo decisões rápidas e muita, muita fé em si mesmo. É preciso ter nervos de aço!

Sinto lhe informar: se o seu brinquedo preferido é o carrinho bate-bate, com sustos previsíveis ou a roda-gigante, que vai às alturas, de forma lenta e contínua, possivelmente você não tem o preparo emocional para lidar com os solavancos da vida de empresário.

Na vida empresarial, todos os dias são de teste, quase um fogo cruzado. Nos períodos calmos e bons, o empresário vencedor não pode se dar ao luxo de relaxar. É preciso olhar para a frente e pensar em formas de crescer. Nos períodos ruins, ele tem de ser capaz de ver a situação de fora, refletir e encontrar alternativas para sair do atoleiro. Só mesmo sendo bem especial para, em meio a uma situação desfavorável, ver oportunidades nas dificuldades.

Lembro-me de ter orientado um cliente que vinha ascendendo profissionalmente e estava prestes a ser promovido de gerente para diretor da empresa. Recomendei-lhe que participasse de umas corridas de kart para começar a treinar tomada de decisão rápida, uma capacidade que ele, em breve, teria que apresentar. Ele assim o fez, a estratégia melhorou sua autoconfiança e hoje segue uma carreira ascendente.

Aquele que gosta de dias mais calmos e de ter tudo sob controle, definitivamente não está preparado emocionalmente para ser um dirigente. O mundo empresarial é um jogo em que as cartas mudam muito rápido, num cenário com tantos detalhes, altos e baixos, que é preciso ter um controle excepcional das emoções para vencer.

Acredito no potencial de todos, afinal por que deste livro então? Apenas é bom saber o que vem pela frente e se preparar para isso. Você pode mudar. Como diz o renomado autor norte-americano Jim Rohn, o qual tive a oportunidade de ouvir em uma palestra aqui no Brasil em 2002: "Nós não somos árvores", podemos mudar[22].

6ª Prova – O tempo passa...

Só com o passar dos dias, meses e até anos é que vai se pegando o jeito. É preciso ter persistência, consistência e perseverança para prosseguir, ir aprendendo com os próprios erros, e acertando com o uso da intuição e experiência.

O tempo pode ser um grande aliado ou um cruel inimigo. As escolhas que você fez no passado, a correta seleção das melhores sementes, sua atitude na hora do plantio e os cuidados que teve na manutenção contínua de seu negócio vão determinar a qualidade dos frutos que você vai colher.

O empresário vencedor é aquele que sabe que trabalhou duro, fez muitas escolhas certas e algumas não tão certas, mas acertou na maioria e agora se encontra na condição de desfrutar do que semeou, sem deixar de fazer novos planos para ampliar cada vez mais o seu horizonte. Ele constantemente faz um balanço de tudo o que viveu. Abstrai disso experiência, para cada vez cometer menos erros.

Isso é sabedoria. Apesar de vivermos em uma sociedade que supervaloriza a juventude e marginaliza os velhos, haja vista a obsessão em "pa-

---

22. ROHN, Jim. *O tesouro das citações*, 1994.

Virei empresário, e agora?

recer" jovem – daí a difusão de hábitos rejuvenescedores que vão desde alimentos funcionais até cirurgias plásticas, passando por variadas ginásticas e dicas de moda para remoçar corpos com as marcas do tempo – a sabedoria é uma qualidade imediatamente citada quando se pergunta quais os benefícios que o avançar da idade pode nos trazer.

Para as pessoas que sabem refletir sobre suas experiências e delas extrair ensinamentos, o tempo é um "senhor" aliado. Entretanto não traz todas as respostas.

Certa vez, logo no começo da minha carreira em Recursos Humanos, ainda jovem e aprendendo com um grande homem de negócios na época, babando no sucesso dele, perguntei: "Nossa, o senhor, com tanto tempo de carreira e consultor de grandes empresários, deve saber todas as respostas. Como deve ser bom ter experiência!". E ele, baseado em toda sua sabedoria, deu uma resposta que jamais esquecerei. "Filha, experiência não é nada, ela apenas te alerta a não errar onde você já errou. Mas ela não te ensina onde acertar. Enfrentamos novos problemas todos os dias."

Essa fala se transformou em uma marca da minha vida profissional. Todos os dias nos deparamos com velhos e novos problemas. Os velhos, a gente aos poucos vai aprendendo a solucionar. Mas todos somos inexperientes quando precisamos encontrar saídas criativas para novos problemas. Feliz daquele que sabe aproveitar a sabedoria obtida com o passar dos anos e, ao mesmo tempo, se mantém aberto a novos desafios, recusando-se a se acomodar.

Não resta dúvida: o tempo ajuda a tomar melhores decisões. Precisamos aprender com nossos erros, como citei anteriormente, sem culpa, com foco no processo de aprendizagem, todavia, essa aprendizagem precisa ser constante. Ninguém deve parar no tempo achando que sabe tudo sempre.

Como consultora vejo empresas que foram criadas em tempos difíceis, superaram os obstáculos iniciais, sedimentaram seu espaço no mercado e, hoje, passam pelo processo de renovação e até sucessão.

Hum... A sucessão. Essa etapa muitas vezes é dolorosa, mesmo para o empresário vencedor. Quando ele já não é mais um jovem e carregou sua empresa num movimento ascendente de sucessos, costuma relutar em aceitar novos modos de fazer o que sempre deu certo. Sua tendência natural é pensar: "Poxa, foi com muito sangue, suor e lágrimas que a empresa finalmente vingou e, agora que os negócios estão com uma certa estabilidade, vem um 'pirralho' dar palpites e mudar as coisas aqui dentro?!".

Quando me deparo com casos como esse, sempre digo – em alto e bom som – como forma de alerta: "Quem não muda, morre!". Não importa a idade que o empresário tenha, unir a experiência com a inovação é a fórmula de crescimento sustentável.

Por isso, não se feche naquilo que você pode considerar "o seu sucesso". Acredite: Mesmo que seu negócio esteja dando certo, talvez seja a hora de mudar para crescer. Considere abrir uma franquia, transferir-se para um lugar maior, investir em novos programas, expandir para novos mercados, ampliar geograficamente sua atuação.

Não pense que isso não será perturbador. É óbvio que sim, mudanças implicam desassossego, sair do conforto para crescer. Como disse antes, tocar um negócio próprio significa gostar de viver perigosamente.

E então, como vai ser com você? Está mesmo disposto a encarar?

7ª Prova – Obstáculo intransponível

O empresário vencedor já conseguiu passar pelas seis provas anteriores, seu negócio vem se firmando e, então, surge um obstáculo que parece intransponível.

Aquele tipo de situação dramática nos negócios que faz parecer não haver qualquer tipo de saída. Depois de tantas jornadas épicas e de ter sobrevivido a dezenas de crises, bem quando começa a pensar em navegar em mar mais sereno, o empresário é atingido por algo inesperado, totalmente fora de seu controle.

É aquela prova final, avassaladora. Um momento doloroso que faz você se sentir exausto de tanto batalhar, sem forças para continuar lutando, incapaz de conseguir vencer esse empecilho intransponível. Parece não haver alternativa além de entregar os pontos.

Não caia nessa armadilha! Acredite: isso é mais um teste. Talvez a pior prova pela qual tenha de passar. Se mantiver a sua chama acesa, com o seu espírito otimista e muito empenho, você conseguirá driblar a situação e o turbilhão vai passar.

Case

Uma querida amiga, muito jovem ainda, quis ser dona de seu próprio negócio e adquiriu um centro de podologia. Ela tinha parcela da sociedade do negócio, que era de sua família. Ela investiu e comprou as demais ações para ficar com o negócio próprio. Foram dias difíceis,

Virei empresário, e agora?

como todo início de negócio: muito trabalho, pouco dinheiro. Tinha que correr para captar novos investimentos, pedia empréstimos em bancos, pagava, pedia outros. Assim foi fazendo seu negócio sobreviver e sempre bem humorada, alegre e confiante.

Um belo dia essa amiga foi me consultar, pois uma grande incorporadora queria comprar seu ponto comercial para fazer ali um prédio de apartamentos. Eu a apoiei como *coach*, e ela fez uma negociação formidável. Tudo estava indo muito bem. Acertou as contas, comprou equipamentos novos, fez caixa e administrou bem os recursos. Logo alugou uma casa maior com mais infraestrutura para atender melhor seus clientes. Muito animada, fez reforma e tudo estava indo no caminho certo.

Foi quando, semanas depois da inauguração, a caixa d´água do prédio veio abaixo, alagando parte do imóvel. Respire fundo!

Pensa que ela se abateu? Que nada! Ela veio até mim contando o que aconteceu e ao final da conversa rimos juntas da situação. Mas tudo isso passou. Essa empresária contornou todos os transtornos causados pela água, e hoje está bem e prosperando passo a passo. Sempre com o seu invejável bom humor.

Então é assim que acontece. Os revezes surgem justamente quando tudo parece estar dando certo. Uma ventania e, de repente, seu barco está de ponta-cabeça. Não se esqueça, essas provas aparecem quando o empresário já escalou uma boa parte da montanha.

A vida nem sempre é uma mãe boazinha. Ela prega peças em forma de testes para ver se você consegue ser firme também nos piores momentos. Em geral, para piorar, os impasses dos negócios coincidem com momentos difíceis na vida pessoal, quando se está mais fragilizado: perdas de entes queridos, divórcio, doenças, traições etc.

Há momentos em que você não tem como deixar de desconfiar que alguma força maior está impedindo o seu crescimento – olha aí de novo a tentação de apontar um bode expiatório para canalizar sua frustração, raiva, desespero e, assim, encontrar certo consolo. Nada de pensar que o Universo está conspirando contra você; tristes casualidades, uma após a outra, acontecem com todos.

Mas eu garanto: sempre tem um Wilson com quem contar (aquela bola de vôlei no filme Náufrago, com Tom Hanks) e você irá sobreviver. Apenas continue respirando.

Lá vai mais uma frase que eu adoro e que é assinada pelo grande es-

critor Fernando Sabino[23] : "No fim tudo dá certo. Se não deu certo, é porque ainda não chegou no fim."
Maravilhoso!

8ª Prova – Ganhar, doar, ganhar: um crescer realmente sustentável

Uma das provas mais difíceis talvez seja esta última. Transformar seu negócio em um negócio de milhões. Aí as coisas mudam de figura.

Você criou coragem, abriu seu negócio, planejou, estudou, tomou muitas decisões, algumas erradas e a maioria acertada, encarou altos e baixos e, talvez até, uma queda livre, mas conseguiu se reerguer. É reconhecido como um grande líder, construiu uma equipe forte. O negócio está indo. Mas você quer mais. Sabe que precisa mudar, expandir. Tornar o negócio milionário. Ganhar mais e crescer mais.

Como?

Há muitas decisões gestoras e estratégicas a serem tomadas, as quais você – a esta altura um empreendedor de sucesso – já vislumbra. Contudo, uma empresa só se torna verdadeiramente grandiosa quando, além de dar um passo de gigante, deixa uma pegada igualmente significativa ao seu redor.

O segredo para crescer está em quanto você está disposto a doar. Grandes corporações sabem que devem doar – e doar sério – para se tornarem milionárias e se manterem assim. Você é um gigante quando é capaz de deixar a sua marca no mundo, o rastro da sua grandeza.

Maria J. N. dos Santos, doutora em Sociologia Econômica das Organizações, e Rogério Rodrigues da Silva, psicólogo, mestre em Psicologia Social e do Trabalho, atentam para o novo papel das empresas no mundo contemporâneo. As transformações econômicas, sociais e ambientais têm levado ao questionamento – e redefinição do padrão – da relação entre o Estado, as empresas e a sociedade[24]. O resultado é que as empresas estão assumindo uma responsabilidade maior pelo bem-estar da sociedade.

O status quo está mudando, quer você queira, quer não. Sai à frente aquele empresário que percebe quaisquer nuances que apregoam mudanças. Não perca o bonde, e tome atitudes necessárias. Quem não muda, morre, lembra-se?

---

23. Crônica publicada originalmente no livro *A volta por cima* e extraída de Fernando Sabino — Obra Reunida, vol. III, Editora Nova Aguilar: - Rio de Janeiro, 1996, p. 611.
24. A importância da responsabilidade social corporativa para a potenciação do capital.

Virei empresário, e agora?

É indiscutível que as ações de responsabilidade – além, obviamente, de fazer bem a outras pessoas – constituem grande ganho para a própria empresa, ainda que não existam ferramentas objetivas para medir os benefícios das ações de responsabilidade, sejam ambientais, sociais ou culturais. O fato é que o mundo corporativo pensa através de números e cifrões, e para essas ações talvez esse modelo de pensamento e medida não se aplique. É preciso virar a chave.

Veja como ações em prol da sociedade alcançam objetivos inimagináveis.

Muitos empresários entendem do ponto de vista apenas material que a prática de ações sociais faz sua rede de relacionamentos crescer. Mas não é essa dimensão que é efetivamente atingida quando se doa dinheiro para os menos favorecidos ou investindo no zelo para com o meio ambiente. Essas duas atitudes empresariais geram um inestimável retorno em credibilidade.

Vamos a um exemplo bem conhecido. Ele tinha uma imagem no mínimo controvertida no meio empresarial, mas depois que fez doações, isso mudou.

Case

O filme *A rede social*[25], que conta a história da criação do Facebook, gerou muitos comentários nem sempre elogiosos sobre o seu CEO Mark Zuckerberg. Mas ele mudou sua imagem – e a imagem da empresa quando passou a liderar a lista dos maiores doadores dos Estados Unidos. Mark e sua mulher Priscila Chan financiam entidades como a Fundação Vale do Silício e até outras que estão investindo no combate ao vírus Ebola com ações de ajuda a países pobres da África, como Guiné, Libéria, Serra Leoa e outros locais do mundo onde a doença é uma ameaça.

Segundo levantamento do jornal *The Chronicle of Philanthropy* sobre as dez maiores doações nos EUA, Zuckerberg bateu o recorde por ser o primeiro bilionário com menos de trinta anos a oferecer uma quantia tão alta em 2013, ao lado da mulher. Logo atrás deles está o presidente da Nike, Philip Knight, e a mulher, Penelope, que se comprometeram a investir US$ 500 milhões para uma fundação de pesquisa sobre o câncer. Michael Bloomberg, ex-prefeito de Nova York, ficou em terceiro: US$ 350 milhões.

Portanto entenda bem o fundamento da 8ª prova:

Se você é um empresário que quer melhorar a imagem da sua empresa e ter um marketing indireto bastante favorável, aprenda essa lição com Zuckerberg, que sempre demonstrou ter a mente típica de um empresário

---

25. *The Social Network*, EUA, 2010, filme dirigido por David Fincher.

vencedor: doações revelam o melhor de você e levam a empresa a, de fato, reverter à sociedade parte do que o negócio tem tirado dela: o dinheiro.

Esse jogo de ida e volta é um bumerangue da prosperidade.

Uma vez, um grande negociante disse a mim: dinheiro tem de se movimentar para crescer. E essa energia positiva só atrai mais ganhos, simpatia dos clientes e melhora o ambiente interno das empresas.

Muitos empresários sabem que precisam fazer esse balanço financeiro do bem e só assim conseguem gerar negócios sustentáveis. Perceba quem e quais empresas colaboram com doações em grandes campanhas, e vejam seus resultados ao longo dos anos. Não precisamos fazer isso apenas para lucrar com nossa imagem. Devemos doar para sermos justos com a sociedade. Esse é o nosso dever de cidadãos.

O caminho do voluntariado está cada vez mais forte nas organizações. Não importa como você começa, ou qual o tamanho inicial de sua doação, ela deve sempre crescer conforme os lucros forem aumentando.

Enfim, existe um grande segredo por trás de ações sociais:

• Melhorar a imagem pessoal, além da própria imagem da empresa que passa a ser admirada pelos consumidores.

• Ao investir em projetos voltados para a comunidade, as empresas reforçam seus valores éticos e se destacam em aspectos como transparência na relação com clientes, fornecedores e funcionários.

• Fortalece fundamento de valores seja qual for a fonte de seus valores pautado na ética: crenças pessoais, religião, tradição familiar. Valores são a base sólida de um crescimento sustentável.

Você ainda não está convencido dessa necessidade? Então vejamos outro exemplo:

Compreendendo que responsabilidade empresarial social não é custo, é investimento estratégico em longo prazo, o McDonald's busca envolver funcionários, clientes e fornecedores no "Mc Dia Feliz", sua campanha anual em favor das crianças com câncer. Para negociar com essa rede especializada em comida rápida, os fornecedores devem apresentar, além do tradicional cadastro, o balanço de suas atividades na área social. A atuação da empresa, que apoia 72 entidades dedicadas ao câncer infantil, vem mostrando bons resultados. Ela pode dizer que fez sua parte. A taxa de recuperação das crianças com câncer no Brasil saltou de 35% em 1988 para 70%, graças a muitos investimentos, entre eles alguns do Instituto Ronald McDonald[26].

26. Segundo a matéria *Lições de responsabilidade social* publicada na edição especial *Guia para fazer o bem* da revista Veja de dezembro de 2001. Disponível em: https://goo.gl/KqXNyG

Não há dúvida de que essa ação gera uma melhor imagem da marca para a população e ajuda no marketing para a franquia. Cabe a você, empresário, não importando a base, começar a praticar esse princípio, pois gerará um marketing do bem gratuito para o seu negócio. As pessoas dirão: essa empresa cuida do hospital, ou do asilo, da creche, do meio ambiente etc. Esse marketing é de força incomensurável, além de constituir uma ação que se revelará boa para todos!

5

Compartilhando lições aprendidas

Vivemos um momento de apagão de liderança e sofremos as consequências disso em nossas empresas e na própria situação econômica, não só no Brasil como em todo o planeta. A crise é mundial.

Faltam líderes competentes que assumam uma postura de ir à frente, dar direcionamento e realizar o que precisa ser feito a fim de garantir a prosperidade de uma nação. Mas isso não acontece se as poucas lideranças verdadeiras que existem não ensinarem o que sabem àqueles que precisam aprender. E isso, é óbvio, inclui o empresário vencedor, porque ele representa verdadeiramente um líder de sucesso.

Ministro cursos de liderança há mais de trinta anos e tenho turmas frequentemente completas e ávidas por conhecimentos. As pessoas anseiam por desenvolver suas competências de liderança. Mas falta quem possa trabalhar esses talentos ainda brutos que apenas precisam ser lapidados.

Temos necessidade de novos líderes, pessoas prósperas capazes de reproduzir histórias de realizações. Não meninos e meninas mimadas que querem porque querem que o mundo atenda aos seus desejos custe o que custar. Desses, o mercado está cheio.

Um bom termômetro para medir se você está alinhado com as boas práticas do pensamento de um empresário vencedor e se tem maturidade adequada para atender às exigências que virão para você nessa trajetória é se perguntar: quantas vezes você fala a palavra EU em suas frases? Aqueles muito autocentrados adoram falar de si mesmos na maior parte do tempo.

O perigo de investir num negócio próprio sendo centrado apenas em seu próprio umbigo é construir uma empresa onde todas as decisões são centralizadas e onde o EGO fala mais alto do que o bom senso e a busca por atender a clientela com qualidade.

Eu já acompanhei situações onde as principais preocupações da diretoria eram voltadas para o EGO de cada um. Quem iria ter mais tempo em uma apresentação para o CEO da empresa com foco em aparecer. Quem iria ficar com a sala maior em uma mudança, e assim outras tantas bobagens que não agregam nenhum valor para ninguém. Só "lustra" o ego. Briga por status não vai garantir sucesso em um mercado cada vez mais competitivo, ágil e exigente. Seus clientes não querem "pavões" servidos a eles. Querem bons produtos e boas entregas.

É verdade. Hoje os consumidores estão muito mais exigentes e informados. Foi-se o tempo em que a empresa simplesmente atendia seus clientes do modo que lhe convinha. Hoje é preciso até mesmo se antecipar às necessidades da clientela para a empresa estar preparada para atendê-los no momento em que a oportunidade surgir.

Mesmo assim ainda encontramos empresas com seus donos agindo como patrões, como nos moldes de antigamente. No cenário competitivo de hoje, empresas desse tipo não conseguem passar de uma geração. Quando o fundador morre, a empresa morre com ele.

O empresário vencedor sabe que é preciso desenvolver pessoas capazes de reproduzir bons modelos de negociantes de sucesso.

E para aquele que está começando a ordem é uma só, como naquela brincadeira infantil: "Faça tudo o que o mestre mandar". Sim, seja um bom discípulo. Aprenda a pensar, agir e sentir como seu mestre. Aceite as orientações e não seja aquele tipo indisciplinado que nunca chega a lugar algum. Obediência é a palavra de ordem. Se quer aprender de verdade, faça e não questione.

Tanto as crianças como nós adultos aprendemos por imitação. Então, quem ainda não chegou lá deve seguir à risca os passos de quem já faz sucesso. Observe antes e aprenda. E quando você tiver atingido seus belos feitos no mundo empresarial, destine uma parte do seu tempo a transmitir essas preciosas lições para formar discípulos à sua altura e de quem possa se orgulhar no futuro.

Precisamos de empresários de sucesso e líderes assim. Aqueles que entendem que seu papel no mundo vai muito além de ganhar dinheiro e suprir seus desejos infantis. Precisamos de homens e mulheres que queiram fazer uma diferença em seus caminhos deixando um exemplo a ser seguido, um legado.

6

Aprendendo com uma história real

Neste capítulo, quero compartilhar com você, leitor, uma história que vivi bem de perto.

Meu marido, em 2013, depois de trinta anos empregado, 27 anos no mesmo segmento, foi demitido de uma grande companhia no ramo de Concessionária de Rodovia. Ele trabalhou nessa empresa por muitos anos, e estando desempregado aos cinquenta anos ele se perguntava o que fazer para retomar sua vida profissional. O mercado de trabalho naquela época, no Brasil, já estava muito difícil, ainda mais com o perfil de emprego em um segmento tão restrito, com sua idade e tendo concluído apenas o nível médio. Definitivamente não estava sendo fácil. Nessas horas, todos os temores passam pela mente da pessoa.

Ele tinha dias com muitas preocupações, e o cenário econômico do país já sinalizava tempos ruins à frente. A primeira atitude que ele tomou foi voltar a estudar. Prestou vestibular e entrou na faculdade de Administração de Empresas. Isso já o animou e daí ele pensou em abrir um negócio.

No começo se vive aquele entusiasmo e foram dias de esperança e ânimo. Ele fez projetos, orçamentos de compras de equipamentos, testou produtos, e assim ele foi ficando bem animado, embora preocupado com os gastos, afinal ele iria usar o dinheiro da rescisão.

A inauguração da loja foi em setembro de 2014. Ele abriu um pequeno café em um *multishop* em um bairro de São Paulo – Vila Mariana. Passadas as primeiras semanas, ele começou a sentir o que vinha pela frente. A loja ficava a maior parte do tempo vazia. Ele tinha aberto um café com *cupcakes*, inspirado no *Cake Boss*[27]. Tinham vários tipos de bolinhos com diferentes coberturas, vários sabores, um cardápio com inúmeras opções. Esta foi uma primeira lição aprendida por ele. Muitos produtos no começo acabam por gerar muitos custos e baixa otimização dos insumos. Com o passar do tempo, ele foi fazendo

---

27. *Cake Boss* é uma série de televisão americana em formato de *reality show* transmitida pelo canal de TV a cabo TLC e também no Discovery Home & Health. O programa relata o cotidiano de Buddy Valastro com sua mãe, irmãs, cunhados, filhos, sobrinhos e primos. Em conjunto, eles detêm como negócio uma padaria, a Carlo's Bakery, em Hoboken, Nova Jersey, onde dão especial destaque à confecção de bolos esculturais.

Virei empresário, e agora?

sua clientela. Os bolinhos eram gostosos e você podia escolher seus sabores e personalizar seu pedido na hora. Mas se gastava muito na loja, muito mais do que se ganhava. Passados três meses, veio a primeira demissão de funcionário, tinha que economizar, e os tempos foram ficando temerosos. Depois do primeiro Natal na loja, o mês de janeiro de 2015 foi um pesadelo para ele. Neste momento, ele começou a questionar sua escolha. Ele trabalhava todos os dias da semana, ele fazia as compras, ele tinha que fazer os bolos e tinha que atender. Só tinha uma funcionária de meio período. O movimento só melhorou depois de cinco meses. Nesse tempo, ele teve que investir em marketing, fez panfletos, site, Facebook, e seus dias e noites eram de preocupação constante.

Nesse período, ocorreu um fato que o estimulou em sua fé de continuar com a loja, mesmo com todas as adversidades. Uma cliente apareceu na loja e gostou muito dos *cupcakes*. Então ela comentou na empresa em que trabalhava, uma coligada a um grande banco. Surgiu a primeira encomenda. Oitenta unidades de *cupcake red velvet* para um evento. Foi uma loucura. Sem espaço, loja pequena, e com prazo apertado ele teve que entregar a encomenda com qualidade e preço. Foi um sucesso! A partir daí, ele começou a fazer entregas regulares, semanais, durante um ano para essa empresa. E teve que ser criativo. A opção de *cupcake* mudava quase toda semana. É assim que se forja um bom empresário com desafios e superação de adversidades, mesmo tendo pedidos.

No segundo semestre do ano de 2015, ele teve uma melhora e aí resolveu investir em uma reforma para aumentar a loja e sua visibilidade no corredor do shopping. Isso mesmo!

Sem ganhos certos e enfrentando seus maiores medos, ele teve coragem e fez a reforma.

Contra todas as indicações ele resolveu que ia colocar mais dinheiro onde não estava tendo tanto retorno. Logo em seguida fechou um contrato de parceria com outra grande empresa, multinacional. Contrato de dois anos. Mais um novo respiro de esperança para ele.

Veja, você só vai ter parceiros fortes se passar pelas provas. E fé em seu negócio é uma delas. Mas no caso não é uma fé cega. Os clientes elogiavam seus bolinhos.

Nessa época, ele começou a oferecer bolos em pedaços e passou a ouvir o gosto dos clientes que sugeriam tipos de bolos: banana integral, chocolate com recheio de doce leite, e ele passou a aumentar a variedade de acordo com o consumo dos clientes e não da sua cabeça. Tinham clientes até que criaram *cupcakes* com seu estilo e batizaram o bolinho no cardápio da loja.

A reforma foi a melhor coisa para a loja. Ele aumentou seus ganhos, mais ainda não pagava seus gastos. Rendimento para ele, nem pensar. Trabalho duro e com poucos ganhos. Em dezembro de 2015, o Natal não foi tão bom, mas estava com esperança no ano que viria.

Com a crise econômica no Brasil se agravando no ano de 2016 a ideia de fechar a loja habitava a mente dele todos os dias.

O cansaço, a falta de retorno, a desesperança geral o atormentava e era recorrente a vontade de deixar tudo para trás. Queria mudar de local, o movimento da loja era muito fraco. As pessoas falavam "nossa, esta loja é linda, mas em local errado", e ele se abatia com esses comentários (urubulinos).

No começo, você terá provas de persistência e confiança em sua visão de futuro. Não era hora de desistir. As lojas ao lado da loja dele iam fechando, e ele olhando e trabalhando todos os dias, dez, doze horas por dia. Sem finais de semana e sem feriado. Férias nem pensar.

O Natal de 2016 foi um fiasco no comércio, e o ano de 2017 veio com um fiapo de esperança. Nos primeiros meses do ano, ele decidiu desistir e foi com muito determinação e trabalho de mudança de visão que ele entendeu que precisava vencer seus bloqueios de pensamentos limitadores. É verdade que o caminho é árduo. Mas hoje em dia ele está faturando cada dia melhor que o anterior e com mais um tempo, o tempo pode ser um grande aliado, a loja vai se tornar um modelo de negócio rentável e de baixo investimento.

Ele não morreu no caminho e isso já é um grande resultado. Hoje já se passaram três anos, e a loja continua firme e forte! Ele tem clientes desde o início da loja e isso é sinal de que o produto é bom e que teve fidelização de clientela.

Todas aquelas provas que cito no capítulo 4 eu o assisti passar. O maior sofrimento que ele passou e hoje está aprendendo a lidar melhor foram seus pensamentos. Hoje ele está aprendendo a lidar com seus sentimentos e não se deixando levar pela "montanha-russa do seu emocional". O caminho não é reto. É sinuoso. É um tango com passos para a frente e para trás. Mas você não pode sair da pista.

Precisa persistir! Com a perspectiva de melhoras no cenário econômico, ele finalmente conseguirá ter os frutos de seu trabalho. Hoje ele já

Virei empresário, e agora?

tem folgas e contratou recentemente um auxiliar que está fazendo os bolos e tem duas atendentes. Está deixando de ser operacional para começar a focar mais no estratégico, que é o aumento de vendas.

Tudo dá muito trabalho para ser construído. Mas depois, com o passar dos anos, você consegue ver os resultados de tanta luta.

Acredito que ser um empresário não serve como carreira profissional para todas as pessoas. Alguns ficarão mais felizes como empregados, e isso é ótimo. Não há nada de errado em escolher trabalhar para um empregador. Ótima escolha de carreira também.

Só saiba que as escolhas que fizer terão bônus e ônus.

7

A derradeira lição: O legado

Agora que você é um empresário de sucesso, construa uma fundação! Como vimos, quando o empresário vencedor chega ao estágio de empresário milionário ele já sabe que, para continuar prosperando, precisa passar a contribuir com a comunidade com mais empenho ainda, fazendo parte de um trabalho onde sua participação seja relevante para o desenvolvimento de um todo maior.

Todos os grandes líderes quando atingem esse ponto sabem que é chegada a hora de deixar um legado, uma grandiosa pegada na areia. Prosperar é muito mais que enriquecer. É crescer, fazer as coisas darem certo, ser realizado profissionalmente e promover a felicidade.

Somente os empresários vencedores atingem a prosperidade, pensando no bem maior. Atravessaram o ponto crucial entre o crescimento individual e a coletividade. Para grandes empresas, para grandes empresários, contribuir com a sociedade é essencial.

Nomes como Antônio Ermírio de Moraes, Silvio Santos, Bill Gates e tantos outros contribuem com grandes somas criando entidades sérias que trazem resultados relevantes para a comunidade.

Afinal, talento é algo infinito, e muito mais ele se expande quando usado de modo produtivo e em prol da sociedade. Empresários vencedores de fato têm a alma nobre. Bem diferente daqueles menos afortunados que só sabem se queixar e não partem para fazer as coisas acontecerem em suas vidas. Essas pessoas falam dos seus chefes e proprietários da empresa com ressentimento: "Veja o cara, ele tem tudo de bom, carro, mansão, viagens; vive uma vida de rei e nós aqui nesta pendura, só ralando". E assim vai o discurso dos invejosos de carteirinha.

O que estes não percebem é que o empresário vencedor fez por merecer o seu lugar ao sol. Enriquece, viaja de primeira classe, tem casa na praia, barco e os filhos nas melhores escolas, mas corre riscos, toma decisões críticas e passa, regular e repetidamente, por todas essas provas. Tudo o que tem foi fruto de conquistas. Além disso, ele emprega inúmeras pessoas. Quem desses invejosos conseguiu prosperar e fazer outros crescerem também à custa do uso de seu talento?

Essa que é a questão. A tendência da maioria é ver apenas o resul-

Virei empresário, e agora?

tado, mas jamais refletir sobre o preço que paga aquele que luta para obter sucesso. E esse preço muitas vezes é caro. Tudo na vida tem seu preço. Será que você está disposto a pagar?

Por essa razão é que a derradeira lição é criar prosperidade para si e para o mundo ao seu redor, até como forma de calar os invejosos. Não precisa ser algo grandioso logo de início, vai-se acompanhar o crescimento do negócio.

A dona de casa que começa fazendo coxinha para fora e passa a ver crescer a sua clientela, em breve estará oferecendo oportunidade de trabalho para a vizinha que precisa trabalhar. E assim a roda da fortuna vai girando, envolvendo cada vez mais pessoas.

Prosperar não é ganhar dinheiro sozinho.

É criar riquezas ao seu redor.

A lição aqui é: imagine que seu negócio só vai ganhar dimensões relevantes quando você pensar grande e agir coerentemente com esse ideal. Não digo sair fazendo loucuras, mas no passo a passo. Começar com passinhos de bebê, ir ganhando território até se sentir seguro para dar grandes e largos passos em direção a uma boa (e sólida) fortuna.

Vejo pessoas muito ansiosas para ter seu próprio negócio e ganhar muito dinheiro. Escuto alguns que me procuram e falam que querem mesmo é enriquecer. Sonham em ganhar na loteria e ficar ricos.

E me pergunto para quê?

Se a pessoa não souber empregar aquilo que ganhou pensando em prosperidade, ela gastará tudo em poucos anos e voltará a ficar pobre. O dinheiro é um bem de troca. Precisa circular. E promovendo riquezas, esse dinheiro volta em proporções maiores e com ganhos consideráveis.

Ninguém cresce sozinho. A sobrevivência está condicionada a condições externas. Assim como um ser vivo, o negócio também não cresce espontaneamente; no vácuo. Ele é resultante da equação com muitas variáveis. É complexo e por isso não é fácil empreender com sucesso.

Movido pelo interesse próprio em enriquecer, com certeza você se preocupa em cuidar das condições que afetam diretamente seu negócio. Ou, pelo menos daquelas que você acha que o influenciam. Parece algo simples como: para se ter bons frutos, há de se cuidar do solo, da água e da luminosidade.

Bem, sabemos que nem sempre é assim.

Você já reparou que comunidades antigas ou contemporâneas que possuem estreito contato com a terra, geralmente, têm conexões profundas com a natureza? Nutrem profundo respeito e até temor pelas forças naturais.

Creem que há elementos, invisíveis aos olhos humanos, capazes de colaborar para os ciclos de fertilidade, colheita e sobrevivência.

Assim, para colher bons frutos da floresta, esses povos entendem que é necessário um equilíbrio específico e perfeito entre: os elementos da natureza – aqueles que todos nós consensualmente enxergamos, como Sol, ciclos lunares, água, ar etc. – e os elementos invisíveis.

Podemos aprender com eles que as mesmas forças da natureza ajudam aqueles que possuem "força de alma". Não é nada religioso. O empresário precisa ter fé, em si mesmo e nos outros. E precisa enxergar além, ah, precisa!

Já o empresário sofredor pensa pequeno e foca todas as suas energias para cuidar apenas das variáveis que ele vê ou acha que intervêm diretamente no seu negócio. Mas o empresário vencedor pensa diferente, para variar. Empresário vencedor enxerga o que às vezes está bem debaixo dos olhos, mas ninguém percebe.

Vai além. Visualiza que "uma andorinha só não faz verão". De alguma maneira, sabe que seu sucesso foi resultante do equilíbrio entre muitos fatores. Sabe valorizar e reconhecer a interdependência, sabe prosperar desejando e levando junto outras pessoas.

Ele compartilha, espalha seu sucesso. O empresário vencedor tem a riqueza de espírito, seu sucesso não depende da tragédia alheia. Não basta cuidar do caixa, da gestão ou do produto/serviço que você vende.

Cuide bem das pessoas. Pessoas são seus clientes.

Cuide bem do mundo que você e os outros seres habitam.

Não estamos falando de mudar o mundo. Porém, você pode contribuir para melhorar a qualidade de vida na sua rua, no entorno da sua empresa ou na rua de terra com esgoto a céu aberto que certamente existe aí perto – já que no Brasil basta andar alguns quilômetros para encontrar um.

8

Palavras finais

Beth Martins

Ter tido a oportunidade de partilhar tantas histórias, ouvir tantos profissionais, acompanhar suas vidas, seus percalços e suas vitórias foi uma grande alegria e honra. Toda essa vivência com pessoas tão interessantes – e tão cheias de dúvidas em determinados momentos – me levou a um momento muito interessante da carreira. Era chegada a hora de compartilhar um pouco do que aprendi nessa trajetória.

Hoje, mais madura, sei que não preciso mais me preocupar tanto, não preciso ficar inúmeras noites sem dormir, pois aprendi que a vida é assim mesmo: uma hora ela nos reserva dissabores, e em outras nos dá presentes surpreendentes. Hoje encaro tudo com mais humor e leveza porque sei que sempre haverá uma curva ali na frente que pode me indicar um novo caminho.

É para partilhar tudo o que sei sobre esses novos caminhos que escrevi este livro, só para dizer a você, leitor, que, na verdade, é tudo muito simples. Complicamos a vida para darmos desculpas da falta de coragem que, por vezes, temos em avançar.

Este livro é a prova viva de que prosperar é possível, sim, e que podemos ter uma vida melhor, sim, e sem miséria. Temos esse direito, desde que tenhamos a determinação e a disciplina de trabalhar firmemente para isso.

Este livro foi escrito para todos aqueles que pensam que o caminho é muito difícil para quem quer empreender seu próprio negócio. Mas, terminada a leitura, você já viu que empreender é difícil, sim, mas possível e com sucesso. Pertencemos a uma nação jovem ainda e que tem muito a aprender com seus erros e acertos. Mas somos empreendedores e criativos, isso é parte do DNA dos brasileiros. Só precisamos aprender a fazer a lição de casa. Desejo a todos muitas riquezas e realizações, pois acredito nestes jovens empreendedores que estão fazendo deste país, todos os dias, um lugar bem melhor para se viver.

Boa sorte em sua jornada e acredite: o caminho vale mesmo muito mais a pena que a chegada!

Agradecimentos

Este livro foi obra de muitas, muitas mãos. Não teria como agradecer a todos que em meus contatos, mesmo sem saberem, contribuíram com suas experiências para que esta obra tivesse sido concluída.

Quero agradecer minha família, que sempre foi incansável na fé de que minhas visões de futuro não eram sonhos improváveis de serem realizados.

Agradecer a meus mestres, que desde jovem aprendi a ouvir e guardar em meu coração.

Rahel Boraks, minha primeira mentora, que me ensinou a confiar no justo e correto uso de minhas habilidades. Ela me direcionou para minha carreira e devo a ela as melhores lições de minha jovem vida profissional. Ela forjou meus valores e me deu a chance de iniciar em minha carreira como psicóloga com ela, ao lado de uma mestre extraordinária.

Ao meu amigo José Carlos Marques, que me apresentou Falconi quando tudo era ainda muito novo nas organizações, quando o assunto era gestão por excelência, em 1993. Aprender com o mestre Falconi foi um divisor de águas em meu caminho como profissional

Quero agradecer ao amigo Laerte Temple, que na época, 1998, acreditou em um trabalho inovador e me deu a chance como consultora em RH de aplicar meus conhecimentos em um projeto que me fez ter certeza de que com a correta liderança podemos mudar pessoas.

Aos milhares de treinandos com quem tive a oportunidade de compartilhar experiências em meus cursos de liderança.

Às centenas de clientes de *coaching* que atendi em todos estes anos, empresários, diretores, gestores. Sem eles este livro não teria vida. Eles foram os formadores do corpo e da alma desta obra.

A minha editora, que foi tão companheira e disponível a trabalhar comigo nesta obra que visa atender um bem maior.

A meus filhos e genro, Patricia e seu marido Guimarães, ao Igor e Camilla, que são as inspirações para eu continuar nesta caminhada de fortalecimento dos líderes para construir um Brasil melhor para meus netos.

E um agradecimento especial ao meu marido, Edson, que enfrentou seus medos e com coragem teve a determinação de acreditar que poderia vencer, mesmo diante de circunstâncias tão adversas, e topou abrir um negócio no meio da maior crise econômica que o Brasil já viveu, com a esperança de servir de exemplo para tantos brasileiros que precisam de fé em um futuro melhor.